Spitzenköche

am Niederrhein

Heinz Anschlag • Wolfgang Faßbender

Spitzenköche

am Niederrhein

Die besten Restaurants und ihre Rezepte

Mercator

Fotografie	Heinz Anschlag
Text	Wolfgang Faßbender
Fotografischer Assistent	Frederic Balint
Buchgestaltung und Satz	Heinz Anschlag
	www.anschlag-anschlag.de
Titelfood	zubereitet im Dycker Weinhaus

Danksagung an
ASA Selection GmbH • www.asa-selection.de

Bibliografische Information der Deutschen Bibliothek
Die Deutsche Bibliothek verzeichnet diese Publikation in der Deutschen Nationalbibliografie;
detaillierte bibliografische Daten sind im Internet über http://dnb.ddb.de abrufbar.

© Copyright 2010 by GERT WOHLFARTH GmbH
Verlag Fachtechnik + Mercator-Verlag, Duisburg
www.mercator-verlag.de

Druck: Offizin Andersen Nexö, Leipzig
ISBN 978-3-87463-469-4
Printed in Germany

INHALT

Vorwort 11

Selbstbewusster Süden 16

Burgstuben-Residenz 22
Rainer Hensen
Feldstraße 50
52525 Heinsberg-Randerath
0 24 53 / 8 02
www.burgstuben-residenz.de

Hotel Haus Wilms 26
Peter Regen
Steinkirchener Straße 3
41849 Wassenberg-Effeld
0 24 32 / 30 71
www.haus-wilms.de

Zur Traube 30
Dieter L. Kaufmann
Bahnstraße 47
41515 Grevenbroich
0 21 81 / 6 87 67
www.zur-traube-grevenbroich.de

Das Dycker Weinhaus 34
Michael Naß
Klosterstraße 1
41363 Jüchen-Damm
0 21 82 / 8 50 50
www.dycker-weinhaus.com

Liedberger Landgasthaus 38
Peter Schmitt
Landstraße 19
41352 Korschenbroich
0 21 66 / 8 72 94
www.llgh.de

Vennen, Im Alten Brauhaus 42
Birgit Vennen
Am Markt 5
41352 Korschenbroich-Liedberg
0 21 66 / 8 15 18
www.liedberg.de

Palace St. George 46
Wolfgang Eickes
Konrad-Zuse-Ring 10
41179 Mönchengladbach
0 21 61 / 54 98 80
www.palace-st-george.de

Rosenmeer 50
Denny Neumann
Schürenweg 45
41063 Mönchengladbach
0 21 61 / 46 24 20
www.rosenmeer.net

Kaiser Friedrich 54
Marcus Hütz und Uwe Gaul
Hohenzollernstraße 15
41061 Mönchengladbach
0 21 61 / 4 66 55 11
www.kfh-mg.de

Lehmanns Restaurant 58
Andreas Lehmann
Myllendonker Straße 247
41065 Mönchengladbach
0 21 61 / 66 03 93
www.lehmanns-restaurant.de

Flachs Hof 62
Willi Hastenrath
Merreter 10
41179 Mönchengladbach
0 21 61 / 58 49 96
www.flachshof.de

Wein und Rhein 66

Kallfelz Weingut 68
Albert Kallfelz
Hauptstraße 60 – 62
56856 Zell-Merl
0 65 42 / 9 38 80
www.kallfelz.de

Das Herz des Niederrheins 70

Römers Restaurant 80
Hans-Peter Römer
Wiesenstraße 29
41372 Niederkrüchten-Brempt
0 21 63 / 8 04 28
www.roemers-restaurant.de

Kaiserhof 84
Tim Patrick Lellau
Unterbruch 6
47877 Willich-Schiefbahn
0 21 54 / 8 71 65
www.kaiserhof.org

Alte Villa Ling / Restaurant Josefine 88
Thomas Teigelkamp
Hindenburgstraße 34
41749 Viersen-Süchteln
0 21 62 / 97 01 50
www.alte-villa-ling.de

Haus Bey 92
Frank Veikes
An Haus Bey 16
41334 Nettetal
0 21 53 / 9 10 87 90
www.restaurant-haus-bey.de

INHALT

Sonneck 96
Ernst-Willi Franken
Schlossstraße 61
41334 Nettetal-Hinsbeck
0 21 53 / 41 57
www.restaurantsonneck.de

Korff 100
Stefan Schlösser
Kölner Straße 252 – 256
47807 Krefeld
0 21 51 / 65 09 70
www.restaurant-korff.de

Chopelin im Casino 104
Yves Chopelin
Casinogasse 1
47829 Krefeld
0 21 51 / 31 17 89
www.chopelinimcasino.de

Kaffeehaus Schmitz 108
Richard Roesch
Martinstraße 169
47805 Krefeld
0 21 51 / 31 18 40
www.kaffeehausschmitz.de

Gut Heyenbaum 112
Thorsten Friedrichs und Thomas Scholz
Zwingenbergstraße 2
47802 Krefeld
0 21 51 / 56 47 66
www.gut-heyenbaum.de

Hückels May, Landgasthof 116
Andrej Stepin
Gladbacher Straße 806
47804 Krefeld
0 21 51 / 31 18 64
www.hueckels-may.de

Düsseldorf, mehr als Niederrhein 120

Hummelbachaue 126
Marike Kern
Am Golfplatz 1
41469 Neuss
0 21 37 / 92 78 28
www.hummelbachaue.de

Herzog von Burgund 130
Erich Tiefenbacher und Andreas Hillejan
Erftstraße 88
41460 Neuss
Telefon 0 21 31 / 2 35 52
www.herzogvonburgund.de

Anker – Feine Gastwirtschaft 134
Michael Freynik
Glockhammer 59
41460 Neuss
0 21 31 / 15 11 67 8
www.freynik-anker.de

Spitzweg 138
Marika Weinhold
Glockhammer 43a
41460 Neuss
0 21 31 / 6 63 96 60
www.restaurant-spitzweg.de

Hummer-Stübchen 142
Peter Nöthel und Peter Liesenfeld
Bonifatiusstraße 35
40547 Düsseldorf-Lörick
02 11 / 59 44 02
www.hummerstuebchen.de

Victorian 146
Volker Drkosch
Königstraße 3a
40212 Düsseldorf
02 11 / 8 65 50 10
www.restaurant-victorian.de

Restaurant Regalido 150
Tobias Hammes
Am Kapellengraben 1
40670 Meerbusch-Strümp
0 21 59 / 81 88 04
www.regalido.de

Haus Meer 154
Jörg Busch
Moerser Straße 129
40667 Meerbusch
0 21 32 / 7 56 78 88
www.hausmeer.de

Duisburg, aber mit Konsequenz 158

Inside Restaurant 164
Gregor Schuber
Landfermannstraße 6
47051 Duisburg
02 03 / 71 39 25 00
www.inside-restaurant.de

Im Eichwäldchen 168
Manfred Altgaßen
Im Eichwäldchen 15c
47259 Duisburg
02 03 / 78 73 46
www.imeichwaeldchen.de

Bistro NT – Hotel Friederichs 172
Theo Friederichs
Neudorfer Straße 33 – 35
47057 Duisburg
02 03 / 3 18 65 50
www.bistro-nt.de

INHALT

Brendel 176
Dirk Brendel
Kaiserstraße 81
47229 Duisburg-Friemersheim
02065 / 47016
www.brendel-gastronomie.de

Zollhaus 180
Frank Schwarz Gastro Group
Im Freihafen 2
47119 Duisburg
0203 / 5006980
www.zollhaus-duisburg.de

Bähner's am See 184
Tobias Bähner
Mühlenstraße 21f
47199 Duisburg-Baerl
02841 / 87281
www.baehners-am-see.de

Kurlbaum Restaurant 188
Detlev Hufschmidt
Burgstraße 7
47441 Moers
02841 / 27200
www.restaurant-kurlbaum.de

Der Norden und die Weite 192

Trattoria La Piazza 200
Lorenzo und Giuska Gashi
St.-Klara-Platz 1
47623 Kevelaer
02832 / 3833
www.trattoria-lapiazza.de

Op de Poort 204
Michael Klaus Holzum
Vor dem Rheintor 5
46459 Rees
02851 / 7422
www.opdepoort.de

Château d'Orsay 208
Wolfgang Büttinghaus
St. Nikolausstraße 2a
47495 Rheinberg-Orsoy
02844 / 99220
www.chateau-d-orsay.de

Hotel Hövelmann 212
Andreas Scholz
Markt 31 – 33
46509 Xanten
02801 / 4081
www.hotel-hoevelmann.de

Swan's im Golden Tulip Cleve 216
André Krake
Tichelstraße 11
47533 Kleve
02821 / 7170
www.goldentulipcleve.com

Walkmühlen-Restaurant 220
Manfred Seeberger
Walkmühlenstraße 52
45470 Mülheim an der Ruhr
0208 / 370521
www.walkmuehlen-restaurant.de

Ratskeller, Mülheim 224
Jörg Thon
Löhberg 55
45468 Mülheim an der Ruhr
0208 / 477306
www.muelheimer-ratskeller.de

Hackbarth's Restaurant 228
Jörg Hackbarth
Im Lipperfeld 44
46047 Oberhausen
0208 / 22188
www.hackbarths.de

BLUMRATHS Restaurant 232
Thorsten Hauk
Schlossallee 3
46569 Hünxe-Gartrop
02858 / 832890
www.blumraths.de

ART 236
Uwe Lemke
Reeser Landstraße 188
46487 Wesel
0281 / 97575
www.restaurant-art.de

Lippeschlösschen 240
Ullrich Langhoff
Hindenburgstraße 2
46485 Wesel
0281 / 4488
www.lippeschloesschen.de

Carpe Diem 244
Henning Buchmann
Pastor-Winkelmann-Straße 5
46499 Hamminkeln-Marienthal
02856 / 901790
www.carpe-diem-marienthal.de

Ganz schön würzig 254

Rezept-Verzeichnis 256

Restaurant-Verzeichnis von A–Z 266

Ankerring bei Wesel

Spitzenköche aus einer Spitzenregion

Warum es ausgerechnet ein Buch über den Niederrhein sein sollte, werden Sie sich vielleicht fragen. Die Antwort ist ganz einfach: Es war uns – dem Verlag, dem Fotografen und dem Autor – immer klar, dass sich kein anderes Gebiet besser für ein Buch über Spitzenköche eignet als die Region zwischen Heinsberg, Duisburg und Hamminkeln. Weil hier Begeisterung für die Landschaft, Liebe zu regionalen Küchentraditionen und unglaubliche kulinarische Aufgeschlossenheit auf einzigartige Weise zusammenkommen. Nachdem die Entscheidung erst mal getroffen war, ging es dann nur noch um die Auswahl der besten Köchinnen und Köche. Die ganz berühmten, mit Sternen und Punkten ausgezeichneten Küchenchefs wollten wir vorstellen, aber auch die bodenständig arbeitenden Vertreter der Kochkunst sollten nicht außen vor bleiben. Ein nach allen Regeln der Kunst zubereiteter Sauerbraten ist nicht weniger empfehlenswert als eine ausgetüftelte Kombination von Hummer, Melonen und Chili-Krokant!

Für dieses Buch haben wir viele Monate recherchiert, haben den Stars und den engagierten Nachwuchsköchen am Arbeitsplatz zugeschaut und versucht, ihnen Kniffe und Tricks zu entlocken. Inzwischen wissen wir einiges über die besten Produkte vom Niederrhein – zum Beispiel, wo der Ziegenkäse besonders gut schmeckt und wer Fleisch von alten Rassen züchtet – und wir teilen dieses Wissen nur zu gern mit Ihnen. Noch klarer als zuvor ist uns nun aber auch, dass der Niederrhein den, der sich hier einmal niedergelassen hat, nie mehr loslässt. Kein einziger Koch, mit dem wir gesprochen haben, will jemals wieder weg aus Kleve, Xanten oder Düsseldorf. Und wir? Wir haben uns fest vorgenommen, auch nach Erscheinen dieses Werkes regelmäßig auf Recherchetour zu gehen am Niederrhein. Kann ja sein, dass daraus schon bald wieder ein neues Buch entsteht …

Wolfgang Faßbender / Heinz Anschlag

Weiden bei Krefeld

Rheinbrücke Wesel

Skulptur in Hombroich

Selbstbewusster Süden

Neu-Niederrheiner müssen aufpassen. Haarscharf ist die Grenze zwischen dem Aachener Land und dem Niederrhein. Welcher ja ohnehin keine niet- und nagelfest abgegrenzte Einheit, sondern eher eine kulturelle und Gefühlsgemeinschaft darstellt. Die Heinsberger zum Beispiel fühlen sich durch und durch als Niederrheiner, die Wassenberger sowieso, und in Mönchengladbach stößt der Reisende schon ins Herz der Region vor. Auf der A 46 könnte man rascher voran kommen als bei einer Tour durch die Dörfer, würde aber eine faszinierende Landschaft, würde die Einschnitte des Braunkohletagebaus und vor allem unzählige ess- und trinkbare Spezialitäten verpassen. Köche wie Dieter L. Kaufmann aus Grevenbroich haben den Niederrhein in kulinarischer Hinsicht in ganz Deutschland bekannt gemacht, Könner wie Rainer Hensen suchen akribisch nach

den besten Produkten, motivieren Rinderzüchter und Ziegenkäseproduzenten, graben nach alten Rezepten. Selbstbewusstsein liegt den Menschen am südlichen Niederrhein offenbar in den Genen.

Tulpenfeld in Korschenbroich

Kornfeld bei Korschenbroich

Fleisch ist nun wirklich nicht gleich Fleisch. „Es kommt immer darauf an, wie das Tier gehalten wird, wie es geschlachtet wird und wie es reift", erklärt Rainer Hensen. Nicht nur Rindfleisch von hoher Qualität verträgt einige Wochen Lagerung und entwickelt damit Aroma und Zartheit, sondern auch das ganz besondere Schweinefleisch benötigt mehrere Tage Ruhe. „Inzwischen gibt es hier einen Bauern, der aus einer alten Rasse Schweinefleisch produziert", sagt Hensen. Dass solche Kostbarkeiten, in geringen Mengen verfügbar, im Einkauf teurer sind als Fleisch aus der Massentierhaltung, ist logisch. Zum Glück ist es auch fühl- und schmeckbar. Rainer Hensen, der Küchenchef und Inhaber der *Burgstuben-Residenz*, ist aber nicht nur beim Fleisch konsequent, sondern auch bei jeder anderen Zutat, welche die Schwelle seiner Küche überquert. Kräuter, Gemüse, Olivenöl – Rainer Hensen engagiert sich für Bio-Produkte wie

kein Zweiter am Niederrhein und besteht zudem darauf, nur Fisch aus schonendem Wildfang zu verwenden.

So viel Konsequenz muss das Resultat einer langen Wanderschaft durch die Küchen der Welt sein – könnte man meinen. In Wirklichkeit machte sich der gebürtige Niederrheiner schon früh im Leben selbstständig. Auf die Kochausbildung folgte eine Bäckerlehre, und nach der Bundeswehrzeit zog der 25-jährige Hensen nach Randerath, eröffnete die *Burgstuben* und umwarb die Gäste. „Die Weltreise wurde später nachgeholt", schmunzelt der Koch, der heute neben dem Gourmetrestaurant auch ein Bistro betreibt. Heute noch reist der Heinsberger regelmäßig nach Südfrankreich und Mallorca, bietet dort Kochkurse an und hält nach neuen Gewürzen, nach dem legendären schwarzen Salz oder erstklassigem Olivenöl Ausschau, natürlich aus biologischer Produktion - selbstverständlich auch nach

erstklassigen Weinen. Als einer der wenigen Chefköche der Republik kennt sich Rainer Hensen gut aus mit den Rebensäften von der Mosel, aus Bordeaux oder der Bourgogne. Im Restaurant reihen sich die Klimaschränke nur so aneinander, doch eingekauft wird nicht irgendetwas. „Ich wollte immer die Menschen kennen lernen, die den Wein machen", sagt Hensen. Z. B. Rieslingwinzer wie Markus Molitor oder Spitzenerzeuger aus Spanien und den großen Bordeauxschlössern. Nach 24 Jahren Kocherfahrung in der *Burgstuben-Residenz* weiß Hensen, dass es auch beim Essen nicht unbedingt auf Äußerlichkeiten, aber immer auf die Essenz ankommt. „Es gibt viel Schaumschlägerei", sagt der Küchenchef. Dass in Randerath bei so viel Wissen, Erfahrung und Kenntnis keine Show, sondern purer Geschmack auf den Teller und in die überdurchschnittlich edlen Weingläser kommt, ist selbstverständlich.

ST. PIERRE IN OLIVENAROMATEN

auf Meeresfrüchte-Cassoulet

Zutaten für 4 Personen

400 g St.-Pierre-Filet mit Haut
Salz, Pfeffer, Mehl

Meeresfrüchte-Cassoulet

200 g Calamaretti, geputzt, in
Streifen geschnitten
2 Langustinos, geputzt, entdarmt,
in grobe Stücke geschnitten
2 Jakobsmuscheln, geputzt, gewaschen, in grobe Stücke geschnitten
2 junge Knoblauchzehen, geschält,
in Scheiben geschnitten
½ junge Artischocke, geputzt, in
Scheiben
1 EL gehackte schwarze Oliven
50 g Spitzkohl, in Rauten
2 Zweige Thymian, fein gehackt

2 EL Herzen von dicken Bohnen
1 EL gehackte getrocknete Tomaten
5 EL Bio-Olivenöl extra vergine
1 Spritzer Zitronensaft
Salz und Pfeffer aus der Mühle

Salsa verde

200 ml Olivenöl
1 Bund Petersilie
1 Bund Basilikum
1 Zweig Rosmarin
1 Zweig Thymian
1 TL Kapern
1 Knoblauchzehe
2 Sardellenfilets
Meersalz, Pfeffer

Zubereitung

3 EL Olivenöl in eine kalte Pfanne geben, bei kleiner Hitze erwärmen. St. Pierre mit Salz und Pfeffer würzen, die Hautseite leicht
mehlieren. Mit der Hautseite in die Pfanne legen, zuerst Knoblauch zugeben, nach einer ½ Minute die gehackten Oliven,
wiederum nach einer ½ Minute den Spitzkohl. Nach 1 Minute die
restlichen Zutaten und das restliche Olivenöl zugeben. Fisch
wenden, Cassoulet mit Zitronensaft, Salz und Pfeffer würzen und
noch ca. eine ½ Minute garen. Vom Herd nehmen und weitere
2 bis 3 Minuten nachziehen lassen.

Für die Salsa verde Kräuter waschen, klein zupfen, mit den übrigen
Zutaten im Mixer fein pürieren, anschließend durch ein feines Sieb
streichen.

St. Pierre auf dem Meeresfrüchte-Cassoulet anrichten. Etwas Salsa
verde außen herum verteilen.

LAMMRÜCKEN

auf Perlgraupenrisotto

Zutaten für 4 Personen
1 Lammrücken
1 Knoblauchzehe
Olivenöl
Salz, Pfeffer

Lammjus
1,5 kg Lammknochen
10 ungeschälte Knoblauchzehen,
angedrückt
8 Schalotten
2 EL Olivenöl
1 Zweig Rosmarin

1 Zweig Thymian
2 Lorbeerblätter
3 Tomaten
1 Selleriestaude
2 Möhren
3 Wacholderbeeren
1 Nelke
6 Pimentkörner
1 TL Pfefferkörner
400 ml Rotwein
2 l Lammfond

Confit-Tomaten
8 reife Tomaten
1 Knoblauchzehe
1 kleiner Zweig Thymian
1 kleiner Zweig Rosmarin
½ TL Zucker
Olivenöl, Salz, Pfeffer

Gemüse-Couscous
4 EL Couscous
1 EL Ingweröl
1 EL Butter
1 Knoblauchzehe, angedrückt

1 Schalotte, gewürfelt
100 g Dicke Bohnen, entkeimt
300 g Schnippelbohnen
100 g Pfifferlinge
1 Möhre, gewürfelt
50 g Knollensellerie, gewürfelt
Salz, Pfeffer
200 ml Geflügelfond
1 Zweig Thymian
1 EL Butter
6 frische Korianderblätter
1 Zweig Bohnenkraut
(Blätter abgezupft und gehackt)

Rainer Hensen

Zubereitung

Lammrücken auslösen und parieren, mit Salz und Pfeffer würzen. In einer Pfanne mit Olivenöl und Knoblauchzehe von beiden Seiten kräftig anbraten, anschließend für ca. 30 Minuten in den 80° C heißen Ofen schieben, zwischendurch wenden.

Knochen hacken, in Olivenöl anbraten. Gemüse putzen, grob würfeln, zu den Knochen geben, ebenfalls anbraten. Knoblauch, Gewürze und Kräuter zufügen, mehrfach mit Rotwein ablöschen, mit Fond auffüllen und ca. 4 Stunden köcheln lassen. Passieren, entfetten und auf die gewünschte Menge reduzieren lassen. Tomaten schälen, vierteln und entkernen. Knoblauch fein hacken. Thymian und Rosmarin

von den Stielen zupfen und fein hacken. Knoblauch, Kräuter und Zucker unter die Tomatenviertel mischen. Ein Backblech mit Backpapier belegen, Tomaten darauf verteilen, mit Olivenöl beträufeln, bei ca. 160° C 35 Minuten im Backofen schmoren.

Dicke Bohnen blanchieren und aus der weißen Haut drücken, Schnippelbohnen putzen, in feine Streifen schneiden, in kochendem Salzwasser blanchieren und in Eiswasser abkühlen. Knoblauch, Schalotte, Möhre, Sellerie und Thymianzweig in Ingweröl und Butter ohne Farbe anschwitzen, Couscous dazugeben, mit Salz und Pfeffer würzen. Geflügelfond angießen, kurz aufkochen lassen. Topf abdecken, vom

Feuer nehmen und quellen lassen. Pfifferlinge, Bohnenherzen und Schnippelbohnen kurz in Butter anschwenken, abschmecken. Bei Bedarf weiteren Geflügelfond zugeben, frisch gehackte Korianderblätter und Bohnenkraut einrühren. Die Hälfte der Confit-Tomaten fein hacken und unter den Couscous mischen. Zum Anrichten Lammrücken tranchieren, auf dem Gemüsecouscous anrichten, mit den restlichen Confit-Tomaten garnieren und mit Lammjus nappieren.

Es muss eine ziemliche Umstellung gewesen sein, als Peter Regen beschloss, an den Niederrhein zu ziehen. 16 Jahre ist das nun her, und der Chef des Hauses kam damals direkt aus der Großstadt. Im *Bayerischen Hof* in München hatte er den Beruf des Kochs von der Pike auf gelernt – unter Einsatz aller Kräfte, denn die Ausbildungszeit in einem der bekanntesten deutschen Hotels war anstrengend. Zum Glück war sie auch lehrreich. „Wir hatten da eine eigene Metzgerei und eine eigene Pâtisserie", erinnert sich Regen, der auch heute an seinem bayerischen Akzent als Zugezogener zu identifizieren ist. Auf die Lehrjahre folgten Stationen in renommierten süddeutschen Restaurants, bevor Peter Regen nach Effeld, ins deutsch-niederländische Grenzgebiet, wechselte. Der Grund hieß in erster Linie Birgit Wilms, so viel sei verraten, aber die einzigartige Landschaft im Naturpark Maas-Schwalm-Nette muss auch Eindruck gemacht haben auf den Bayern, der schon als Lehrling eine Leidenschaft für Fleischgerichte und Desserts entwickelt hatte.

Nur der Kuchen, den das *Haus Wilms* nachmittags den Wanderern und Radfahrern zur Stärkung serviert, den backt nach wie vor die Schwiegermutter.

Dafür kümmert sich Peter Regen mit besonderer Vorliebe um Fisch – beruflich ebenso wie privat. „Zu meinen Hobbys gehört das Hochseeangeln", erzählt der Fast-Niederrheiner. Und wenn er mal nicht auf dem Atlantik unterwegs ist und nach Schwertfisch Ausschau hält, entspannt er sich mit dem Bau von Modellflugzeugen. Das genaue Gegenteil zur stressigen Arbeit in der Küche, bei der es um jede Minute geht, bei der die Bons an schönen Sommertagen stakkatogleich eintreffen und abgearbeitet werden müssen – lange warten soll schließlich niemand auf kreativ Niederrheinisches wie ein Ragout von weißem und grünem Spargel mit Bärlauchsahne oder den Rheinischen Sauerbraten mit Rosinen-Printen-Sauce.

Weil Effeld als Spargeldorf zu besonderem Ruhm gelangt ist, steigt die Nachfrage nach diesem Gemüse ins Unermessliche, sobald die ersten schönen Frühlingstage anbrechen. Hin und wieder geht es im *Haus Wilms* allerdings auch bayerisch zu (es muss ja nicht gerade Leberkäse sein) oder österreichisch. Und ab Anfang Oktober ist das Wild-Überraschungsmenü nicht nur bei den Effeldern beliebt. Wenn sich der Chef mal ein paar freie Stunden gönnt und das neu gebastelte Modellflugzeug ausprobiert, stehen die Feinschmecker allerdings nicht vor verschlossenen Türen. „Meine Mitarbeiter bekommen schon früh Verantwortung", sagt Peter Regen, „auch die Lehrlinge sind schon voll eingespannt und motiviert." Ein bisschen kleiner und vertrauter als im *Bayerischen Hof* in München geht es zwar zu im *Haus Wilms*, aber lernen kann man hier als Nachwuchskoch trotzdem eine ganze Menge. Übrigens auch als Gast: Peter Regen bietet auf Voranmeldung Kurse zu Themen wie Spargel, Fisch oder Wild an – und erklärt gern die Unterschiede zwischen bayerischen und niederrheinischen Spezialitäten.

ZANDERFILET AUF DER HAUT GEBRATEN

Graupenrisotto mit Kräuterpesto und geschmolzenen Tomaten

Zutaten für 1 Person

Pesto

2 EL geriebener Parmesan
Basilikum
Petersilie
Kerbel
Dill
Majoran
2 – 3 EL Olivenöl
1 TL Pinienkerne
Abrieb von einer unbehandelten
Zitrone

Graupenrisotto

60 g Graupen
300 – 400 ml Gemüsebrühe
2 cl trockener Weißwein
1 EL feine Schalottenwürfel
Butter zum Braten

Zander

1 Zanderfilet
schwarzer Pfeffer
Meersalz
frischer Thymian
Olivenöl zum Braten

Tomaten

Kirschtomaten
Olivenöl
1 Knoblauchzehe
Zucker

Zubereitung

Kräuter, Olivenöl, Parmesan, Pinienkerne und Zitronenschale im Mörser zu einer homogenen Paste verarbeiten. Für das Risotto die Schalotten in der Butter glasig anschwitzen. Die Graupen zufügen und kurz angehen lassen. Mit dem Weißwein ablöschen, die Gemüsebrühe nach und nach zugeben und die Graupen bis zur gewünschten Konsistenz unter Rühren kochen. Kurz vor dem Servieren das Pesto unter die Graupen mischen.

Zanderfilet mit der Hautseite in heißem Olivenöl kross braten. Pfanne vom Herd nehmen und den Zander umdrehen. Thymianzweig zugeben, den Fisch noch kurz ziehen lassen. Mit Pfeffer und Meersalz würzen.

Die Kirschtomaten in Olivenöl mit einer Knoblauchzehe (mit Schale) anbraten. Mit etwas Zucker karamellisieren.

MOUSSE VON WEISSER SCHOKOLADE

Quark und Ingwer mit marinierten Beeren

Peter Regen

Zutaten für 4 Personen
300 g weiße Kuvertüre
5 Eiweiß
5 Eigelbe
100 g Zucker
Mark von ¼ Vanilleschote
3 EL Quark (in einem Tuch
ausgedrückt)

125 ml Sahne, geschlagen
1 Messerspitze frischer
geriebener Ingwer
Beeren (Erdbeeren, Himbeeren,
Heidelbeeren, Brombeeren)
Passionsfruchtessig
1 kleine Messerspitze Zimt

Zubereitung
Die Eigelbe mit einem Drittel des
Zuckers und dem Ingwer im
Wasserbad aufschlagen. Quark
und Kuvertüre untermischen.
Abkühlen lassen und die Sahne
unterheben. Das Eiweiß mit dem
restlichen Zucker steif aufschlagen

und unter die Masse heben.
Kalt stellen.
Erdbeeren, Himbeeren, Heidelbeeren und Brombeeren mit
etwas Passionsfruchtessig
(ersatzweise Apfelessig oder
Balsamico) und dem Zimt
vermischen. Anrichten.

Restaurant Haus Wilms • Wassenberg–Effeld

Sollte Dieter L. Kaufmann je auf die Idee kommen, die berühmte Gänselebertorte von der Karte zu nehmen oder das Störparfait abzuschaffen, würde es wohl einen Aufstand geben unter den Stammgästen. Für diese und viele andere Klassiker ist Kaufmann berühmt geworden, seit er vor beinah 50 Jahren die Grevenbroicher *Traube* übernahm. Ein halbes Koch-Jahrhundert, in dem Kaufmann nicht nur die Küche am Niederrhein revolutionieren half, sondern in dem er auch seinen beträchtlichen Anteil zur deutschen Gastronomiekultur beisteuerte.

Als der junge Dieter Kaufmann nicht allzu lange nach dem Zweiten Weltkrieg eine Konditorlehre absolvierte, eine Kochlehre folgen ließ und seine Wanderjahre begann, war diese Karriere aber noch nicht abzusehen. Erst einmal sammelte er Erfahrungen in der Schweiz und in Schweden, kochte in London und kam schließlich im Jahr 1962 zurück an den Niederrhein. Aus der *Traube*, einem Traditionsbetrieb in Bahnhofsnähe, machte er binnen weniger Jahre einen der anerkanntesten Gourmettempel Deutschlands. Der erste Stern des Guide Michelin wurde ihm 1973 verliehen, zehn Jahre später kam der zweite – und den behielt Dieter Kaufmann bis zum Jahr 2009. Mehr noch: Als einer der wenigen deutschen Köche wurde der heute 73-jährige Kaufmann mit dem Bundesverdienstkreuz ausgezeichnet. Wenn es nach den Gepflogenheiten der Rentenversicherer ginge, wäre Kaufmann also längst in Pension, doch wer den Altmeister vom Niederrhein erlebt – seine Küchenbrigade dirigierend, die Hummerbestellungen beim Lieferanten durchgebend, die Gäste begrüßend –, der wünscht ihm den Ruhestand nicht. Die großbürgerliche Villa mit dem Flair eines französischen Grand-Restaurants wäre ohne Kaufmann nicht denkbar. Und wer sonst sollte den auch heute noch aus ganz Deutschland anreisenden Gourmets von den Champagnersorten vorschwärmen, die der Chef im Laufe der Jahre in großer Vielfalt eingelagert hat? Fast 300 Positionen umfasst die Auswahl an Jahrgangschampagnern und Prestige Cuvées, an Rosé-Schaumweinen und Spezialitäten aus der Großflasche.

Wer aber nun denkt, für Kaufmann wären Trüffel, Hummer, Kaviar und Champagner wichtiger als die Spezialitäten vom Niederrhein, der hat sich gründlich getäuscht. Kaum ein anderer Koch versteht es so gut, mit den heimischen Produkten zu arbeiten, mit Stielmus oder Spitzkohl zu kochen. Die Kombination aus Grande Cuisine nach klassischen französischen Vorbildern und regionaler Küche ist für den Grevenbroicher keine Pflichtübung, sondern eine Selbstverständlichkeit.

WILDLACHS

mit Stielmus

Zutaten für 2 Personen
400 g Wildlachs ohne Gräten
1 Bund Stielmus
250 ml Fischfond
50 g Crème fraîche
20 g Butter
½ EL Weizenstärke
Salz
weißer Pfeffer aus der Mühle
125 ml Gemüsefond
2 cl Riesling

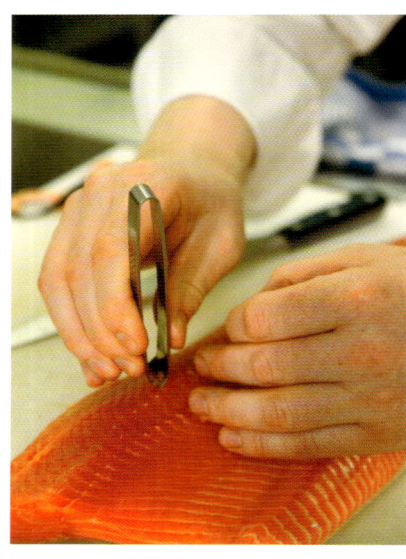

Dieter L. Kaufmann

Zubereitung

Wildlachs enthäuten und in zwei gleich
große Tranchen schneiden. Die einzelnen
Tranchen in der Mitte so tief wie möglich
(nicht durchschneiden!) einschneiden und
auseinanderklappen, auf ein gebuttertes
Blech geben und leicht salzen. Das Stielmus gut waschen und grob schneiden.
Mit dem kalten Gemüsefond im Mixer so
pürieren, dass noch schöne Stücke erhal-
ten bleiben und kein Mus entsteht.
Den Fischfond zum Kochen bringen und
mit der Weizenstärke leicht abziehen. Den
Lachs in den schwach erhitzen Backofen
geben und so garen, dass er seine natürli-
che Farbe behält.
Crème fraîche in den Fischfond geben,
das Stielmus hinzufügen und aufkochen
lassen. Die Butter flöckchenweise hinzugeben und das Ganze mit Salz, Pfeffer
und Riesling abschmecken.
Den pochierten Lachs auf einen vorgewärmten Teller geben, mit Stielmus um-
kränzen und sofort servieren.

Weinempfehlung

Riesling Spätlese trocken von der Mosel

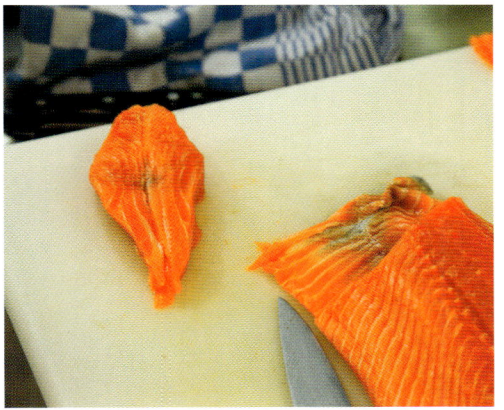

Zur Traube • Grevenbroich

GESCHMORTE KALBSBÄCKCHEN

mit Spitzkohl und Stampfkartoffeln

Zutaten für 2 Personen

300 g Kalbsbäckchen

½ Kopf Spitzkohl

150 g Kartoffeln als Beilage

1 Möhre

1 Zwiebel

½ Kopf Sellerie

Salz, Pfeffer

Tomatenmark

Lorbeer, Muskat

Piment (zum Abschmecken)

200 ml Rotwein

Dieter L. Kaufmann

Zubereitung
Kalbsbäckchen

Die Kalbsbäckchen würzen, in einem Schmor-
gefäß scharf anbraten und aus dem Bräter
herausnehmen. Das in Würfel geschnittene
Gemüse ebenfalls in den Bräter geben und anrösten. Tomatenmark dazugeben, das Ganze mit
Mehl bestäuben und mit dem Rotwein ablöschen. Die Bäckchen nun wieder hinzugeben.
Den Bräter zu zwei Dritteln mit Wasser aufgießen
und das Ganze im Ofen bei 200 °C schmoren.
Die Bäckchen alle 30 Minuten drehen, bis sie

nach ca. 2 Stunden weich geschmort sind. Nun
die Bäckchen herausnehmen und den Fond
durch ein feines Sieb drücken, damit das
Gemüse den Fond abbindet. Gegebenenfalls
die so entstandene Soße noch etwas nach-
schmecken und wieder über das Fleisch geben.

Spitzkohl

Den Kohl putzen und die Blätter einzeln vom
Strunk entfernen. Anschließend in feine
Streifen schneiden. Etwas Salzwasser zum
Kochen bringen und den Kohl darin

blanchieren. Anschließend Butter dazugeben,
zur Bindung und mit Salz und Muskat abschmecken

Stampfkartoffeln

Die Kartoffeln waschen und schälen, danach
in Salzwasser kochen. Anschließend abgießen,
ausdämpfen lassen und mit einem Stampfer
zerdrücken und dann mit Butter verfeinern.

Was ist eigentlich „typisch niederrheinische Küche"? Das ist eine gar nicht so einfach zu beantwortende Frage, denn viele der zwischen Düsseldorf und Xanten verwendeten Produkte sind auch jenseits des Rheins, im Bergischen Land, beliebt, werden in der Gegend von Aachen zubereitet oder stammen in Wirklichkeit aus dem Münsterland. Doch unabhängig von küchenhistorischen Überlegungen berücksichtigt Michael Naß die überlieferten heimischen Traditionen, sieht allerdings nicht die geringsten Probleme darin, sie auch ein wenig nach seinem Gutdünken abzuwandeln. „Ich koche beispielsweise ein Carré vom Landschwein mit Muhrejubbel", sagt der Co-Inhaber und Küchenchef des *Dycker Weinhauses*. „Und das klassische Gericht Himmel und Erde machen wir schon mal statt mit Blutwurst und Apfelkompott mit Gänsestopfleber und Apfelperlen." Das ist sozusagen die Edelvariante, die aber nicht darüber hinwegtäuschen sollte, dass es sich beim Weinhaus um ein Restaurant für alle Gelegenheiten handelt, um eines, das bereits zum Frühstück geöffnet hat, das Kreativmenüs ebenso serviert wie schnelle, frische, aber bodenständige Schmankerln.

Sogar orientalische Gewürze kommen dann und wann in kleinen Mengen zum Einsatz, und wenn Naß eine Ochsenbrust aus dem Teriyaki-Ingwer-Sud auf die Karte setzt, staunen allenfalls die, die zum ersten Mal in das Jüchener Lokal kommen. Die anderen, die Stammgäste vor allem, wissen um die kulinarische Neugier des Patrons, der ursprünglich gar nicht Koch werden wollte. „Autos sind meine zweiten Leidenschaft", sagt Michael Naß. Aber nach einigen Praktika in der Werkstatt fand der Niederrheiner schnell heraus, dass die Schrauberei nichts war, was er beruflich machen wollte. „Ich arbeite lieber an meinem eigenen Auto als an den Wagen fremder Menschen."

Nach der Lehre wanderte Michael Naß erst einmal durch die Welt, verbrachte einige Zeit in der Schweiz und in Italien, sogar in der Karibik oder in Indonesien. „Man lernt super viele Menschen kennen." Aber auch, wie man mit Fisch umgeht, mit frischen exotischen Früchten, mit hausgemachter Pasta… das Erlernte gibt der Niederrheiner, der das *Weinhaus* zusammen mit seiner Schwester Sabine führt, an

den Nachwuchs weiter. Die Azubis dürfen sogar schon früh Verantwortung übernehmen und immer mal wieder einen Tag lang allein kochen, nach eigenen Vorschlägen. Michael Naß beschränkt sich dann darauf, das Experiment zu kontrollieren: „Das kommt bei den Gästen gut an." Zumal das Ausbildungsmenü zum Schnäppchenpreis zu haben ist. Was es bei diesen Gelegenheiten zu essen gibt, entscheidet sich übrigens kurzfristig – Regionales kommt ebenso in der Speisenfolge vor wie Asiatisches oder Mediterranes. Ausprobieren gehört eben auch für die Jüngsten schon zum Alltag.

PATÉ VOM KANINCHEN MIT WACHTELBRUST
und Pfifferling-Aprikosen-Salat und Estragonpesto

Zutaten für 4 Personen
4 Wachtelbrüstchen
Paté
3 Kaninchenkeulen
5 getrocknete Feigen
1 Bund Suppengrün
1 Lorbeerblatt
3 Nelken
etwas grober Pfeffer
Salz
1 Zweig Liebstöckel
2 EL Trüffelöl
50g Butter

Pfifferlingssalat
200 g frische Pfifferlinge
6 frische Aprikosen
100 ml Kaninchenfond
1 TL Senf
1 EL Zucker
100 ml Erdnussöl
60 ml weißer Balsamico
2 Zweige Estragon

Estragonpesto
40 g frischer Estragon
2 EL Pinienkerne
200 ml Distelöl
3 EL geriebener Pecorino
½ Zehe Knoblauch

Zubereitung
Am Vortag die Kaninchenkeulen waschen und mit dem Suppengrün und dem Lorbeerblatt, Nelken, Pfeffer und Salz in kaltem Wasser aufsetzen und ca. 1 Stunde köcheln lassen. Feigen würfeln, Liebstöckel hacken. Kaninchen noch warm in feine Fasern zupfen und sofort mit der Butter, den gewürfelten Feigen, gehacktem Liebstöckel und dem Trüffelöl vermengen. Die Masse erst in Klarsichtfolie, dann in Alufolie zu festen Rollen eindrehen. Kühl stellen.

Die Pfifferlinge mit kaltem Wasser abwaschen und auf einem Sieb trocknen lassen, die trockenen Pilze mit einem Küchenmesser nachputzen und ggf. nochmals waschen und trocknen.

Die Wachtelbrüste salzen und pfeffern und kurz in einer Pfanne braten. Aprikosen entsteinen und in kleine Streifen schneiden. Für die Zubereitung der Marinade Kaninchenfond, Essig, Senf und Zucker glatt rühren und unter Rühren langsam das Öl hinzufügen. Die Pfifferlinge und die Aprikosen mit dem Dressing marinieren und nach Belieben mit gezupftem Estragon, Salz und Pfeffer abschmecken.

Für das Pesto die Estragonblätter von den Stielen zupfen und mit dem Öl, den Pinienkernen und dem Knoblauch in einem Standmixer pürieren. Wenn die Masse glatt und fein ist, den geriebenen Pecorino unterheben.

DAS KLEINE SCHWARZE

Dreierlei von der Bitterkuvertüre mit Erdbeerschaum

Zutaten für 4 Personen

Chocolat-Brownie-Cube
100 g Kuvertüre 70 %
60 g Butter
40 ml Espresso
3 Eier
75 g Zucker
50 g Mandelgrieß
50 g Haselnussmehl
30 g Mehl
1 EL Kakao

Schokoshot
150 g Kuvertüre zartbitter
2 cl Kaffeelikör

100 ml Sahne
1 Messerspitze gemahlener Kardamom
200 ml Milch
Mark von ½ Vanilleschote

Schokoladeneis
3 Eigelb
300 ml Sahne
80 g Zucker
100 g Kuvertüre 70 %

Erdbeerschaum
200 g Erdbeeren
100 g Sahne
Prise Zucker

Zubereitung

Für den Cube die Kuvertüre mit der Butter und dem Espresso unter Rühren erhitzen, bis die Masse glatt und flüssig ist. Eier in Eigelb und Eiweiß trennen. Das Eigelb mit der Hälfte des Zuckers schaumig schlagen und die Schokomasse vorsichtig einrühren. Die gemahlenen Haselnüsse, Mandelgrieß, Kakao und das Mehl unterheben. Das Eiweiß in einer fettfreien Schüssel mit der anderen Hälfte des Zuckers steif schlagen und ebenfalls vorsichtig unter die Masse heben. Die Masse nun auf ein

hohes, mit Backpapier ausgelegtes Backblech füllen, glatt streichen und bei 170° C backen. Den gebackenen Brownie zum Servieren in Würfel schneiden und nach Wunsch noch in Schokolade und braunem Zucker wälzen. Für den Shot Kuvertüre mit der Sahne, dem Likör und dem Kardamom im Wasserbad erwärmen und glatt rühren. Sobald die Masse glatt und flüssig ist, herunterkühlen, bis sie anzieht. Die Milch mit dem Mark der Vanilleschote erhitzen und aufschäumen. Auf der

Schokomasse drapieren.
Für das Eis die Kuvertüre über einem Wasserbad mit Eigelb, Zucker und Sahne unter ständigem Rühren erhitzen, bis die Masse andickt (zur Rose abziehen). Auf keinen Fall zum Kochen bringen. In der Eismaschine zu Eis verarbeiten.
Für den Erdbeerschaum die Erdbeeren pürieren, die Sahne unterschlagen und mit geschlagener Sahne dekorieren.

Niederrheiner wird man im Allgemeinen durch Geburt. Oder durch Adoption. Peter Schmitt allerdings ist Niederrheiner geworden, indem er eine Leidenschaft für die Region entwickelte und für die Produkte, mit denen hier gearbeitet wird. Der aus Oldenburg stammende Koch hat sogar, zusammen mit seiner Frau Simone, im *Liedberger Landgasthaus* das geschaffen, was vielen Düsseldorfern oder Mönchengladbachern als Quintessenz des Niederrheins gilt: ein Gasthaus, das die ländliche Umgebung nicht schamhaft zu verstecken und sich städtisch zu geben versucht, sondern wirklich die Vorzüge der Region ausspielt. Eines auch, das in allen Ecken und Nischen an die lange Tradition erinnert – schließlich wurde das Haus bereits 1898 von der Familie Wilms-Merten als Gaststätte betrieben. Oma Mertens Küche war über die Dorfgrenzen von Liedberg hinaus bekannt, und ihre Gastfreundschaft ebenfalls. Simone Schmitt, die Urenkelin der berühmten Oma,

sorgt heute dafür, dass sich die Kunden von gegenüber ebenso wohlfühlen wie jene, die aus Düsseldorf oder dem Ruhrgebiet vorbeischauen.

Führungen durch den eigenen Kräutergarten mit seinen mehr als 80 duftenden Sorten gehören zum Erlebnis *Liedberger Landgasthaus*, der große Walnussbaum hinter dem Haus verschafft den Schmitts alljährlich einen Vorrat an Nüssen (die beispielsweise eingelegt und später als würzige Zutat serviert werden). Das Rezept hier heißt nicht Molekularküche, sondern Aroma. „Man muss nahe an den Urgeschmack kommen", sagt Peter Schmitt, der aus Prinzip nichts aus der Tüte verarbeitet, sondern seine Gäste mit sechs Sorten Basilikum oder nicht weniger als elf Thymianvarianten verblüfft. Und wenn er nicht am Niederrhein einkauft, dann nur das Außergewöhnliche. Biolachs zum Beispiel oder den besonders aromatischen Winterkabeljau, vielleicht auch eine wild lebende Eismeerforelle oder weiße

Trüffel aus Italien. Der Ziegenkäse, der kommt allerdings wieder aus der zweiten Heimat. „Den besten, den man überhaupt kaufen kann, bekomme ich einen Ort weiter", sagt Peter Schmitt. Zum Landgasthaus aus dem Bilderbuch gehört auch die Weinkultur. Moselwinzer Albert Kallfelz, einer der engagiertesten Erzeuger dieser ganz auf Riesling spezialisierten Region, schaut gern mal zu Verkostungen vorbei, und den Champagner von Spitzenerzeuger de Saint Gall bekommt man hier auch. Kein Wunder, dass es nur so Auszeichnungen hagelte: Gleich mehrfach gewann Peter Schmitt mit seinem Team den Wettbewerb „Tour de Menu". Übrigens, zu einem Gasthaus im eigentlichen Sinne gehört, dass es (fast) immer für seine Gäste da ist. In diesem Falle kann man das wörtlich nehmen: Geöffnet ist hier sechs Tage die Woche und auch am Nachmittag, wenn der Durchreisende kaum anderswo etwas Essbares finden dürfte.

RATATOUILLE

auf cremiger Polenta mit Pfifferlingen

Zutaten für 4 Personen

50 g Polentagrieß
250 ml Milch
50 g Butter
Salz, Muskatnuss
1 mittelgroße grüne Zucchini
1 mittelgroße gelbe Zucchini
4 reife Tomaten
1 EL Tomatenmark
2 EL Gemüsebrühe
1 TL Olivenöl
Salz, weißer gemahlener Pfeffer
Pfifferlinge

Zubereitung

Die Zucchini und die Tomaten in gleichmäßige, ca. 3 Millimeter dicke Scheiben schneiden. Tomatenmark, Gemüsebrühe und Olivenöl miteinander vermischen und dünn auf einem Backblech verteilen. Leicht würzen. Auf dieser Tomantensauce dann abwechselnd die Zucchini und Tomaten stark überlappend in geraden Streifen auslegen.

Das Gemüse mit einem Stück Backpapier komplett abdecken, damit es eine Art Deckelcharakter bekommt, eventuell das Papier durch z. B. Löffel leicht beschweren. Im vorgeheizten Ofen bei 145° C ca. 15 Minuten garen.

Die Milch mit der Butter aufkochen und den Polentagrieß einrühren, mit Salz und Muskatnuss würzen, erneut kurz aufkochen. Erscheint der Grieß zu dick, mit heißer Milch weiter verdünnen, bis eine schöne cremige Konsistenz erreicht wird.

Die Polenta mittig auf einen Teller geben, einen Streifen Gemüse von ca. 20 Zentimeter so zusammenschieben, dass man daraus eine kleine Gemüsekuppel drehen kann. Diese Kuppel mittig auf die Polenta setzen. Mit kleinen gebratenen Pfifferlingen umlegen.

SANFT POCHIERTER HUMMER
auf getrüffeltem Risotto und Carpaccio

Zutaten für 4 Personen
400 g Rinderfilet
2 Hummer à ca. 450 g
Risotto, fertig gekocht für vier Personen
1 Trüffel à 20 g (keine Sommertrüffel)
2 EL Sahne
etwas Butter
Olivenöl, Limonensaft
Zitronensaft, Rosmarin
1 kleine Knoblauchzehe
1 TL Murray River Salt oder ähnlich gute Salzflocken
100 g Kaiserschoten (in dünne, lange Streifen geschnitten)

Zubereitung
Die Hummer herkömmlich abkochen und die Scheren
und Schwänze auslösen. Die Schwänze längs teilen, in
flüssiger, mit Zitronensaft, Rosmarin, Salz und einer
kleinen Knoblauchzehe gewürzter Butter warm stellen.
Das Rinderfilet in dünne Carpaccioscheiben schneiden
(es geht leichter, wenn es angefroren ist) und rund auf
den Tellern verteilen, die Mitte freilassen.
Das Risotto mit der Sahne und einem Stück Butter (eventuell etwas Wasser) cremig heiß rühren. 1/3 des Trüffels als
Dekoration über das Carpaccio hobeln, Carpaccio mit
Salzflocken, einigen Spritzern Limone und Olivenöl würzen.
Den Rest des Trüffels in das heiße Risotto hobeln und
verrühren, in der Mitte des Tellers anrichten. Die Kaiserschoten ganz kurz in heißer Butter anschwitzen und auf
das Risotto geben. Pro Person eine Hummerschere und
einen halben Hummerschwanz auf den Erbsenschoten
anrichten.

| Peter Schmitt

Die Sache mit dem Pferd ergab sich vor ein paar Jahren eher zufällig. Es war die Zeit, in der alle Welt über BSE und Rinderwahn diskutierte, als sich Birgit Vennen entschied, den Sauerbraten künftig ausschließlich mit Pferdefleisch zuzubereiten. „Das kommt inzwischen sehr gut an", sagt die Küchenchefin des Liedberger Traditionsrestaurants *Im Alten Brauhaus*. Und was könnte besser zur Tradition passen als Tradition? Sauerbraten vom Pferd ist schließlich ein Klassiker der niederrheinischen Küche, der irgendwann fast verschwunden war von den Speisekarten, der aber inzwischen wieder populär ist – zumindest in Liedberg.

Auch sonst geht es ziemlich niederrheinisch und heimatverbunden zu in der gemütlich eingerichteten Gaststube und auf der gut abgeschirmten Terrasse. Außer Spargel und Pfifferlingen spielt auch das Altbier eine wichtige Rolle. „Wir legen zum Beispiel Schweinefleisch in Altbier ein", erzählt die Chefin, „oder wir servieren einen Bierkäse, ähnlich wie der

berühmte Obatzda." Und das Altbiertreberbrot, das die Vennens zum mittelalten Holländer Käse reichen, ist wie „Himmel und Äd", wie „Muhre Jubbl" oder „Fitschbohnenzupp" (auf hochdeutsch: Stangenbohnensuppe) ein saisonaler Klassiker. Kaum zu glauben, angesichts dieser regionalen Vielfalt, dass Birgit Vennen gar nicht vom Niederrhein stammt. „Eigentlich komme ich aus der Eifel", sagt die Köchin mit dem so typischen Lächeln. Nach dem Umzug schaute Birgit Vennen zunächst der Schwiegermutter über die Schulter, lernte vieles und übernahm gemeinsam mit ihrem Mann Wilfried im Jahre 1994 das *Brauhaus*. So manches von dem, was heute auf der Karte steht, dürfte übrigens schon zu Beginn der Familiengeschichte auf den Tisch gekommen sein: Urgroßvater Johann Vennen erwarb die bereits seit langem bestehende Schankwirtschaft im Jahr 1898. Die Suche nach alten Rezepten wird belohnt: Das regionale Restaurantmagazin „Niederrhein geht aus" wählte das *Brauhaus* schon auf den

ersten Platz in der Kategorie „Niederrheinische Küche". In den letzten Jahren hat sich das *Brauhaus* aber auch mit kulturellen Events und Musikveranstaltungen einen Namen gemacht. Die Vorliebe für Deftiges mit niederrheinischem Einschlag schließt übrigens Experimente nicht aus. Aus dem Urlaub in Schweden haben Birgit und Wilfried Vennen die Idee für Rentiergerichte mitgebracht – das würzige Wildfleisch aus Skandinavien stieß bei den Gästen auf viel Gegenliebe. Was die übrigen Produkte angeht, bevorzugt man allerdings kurze Wege: Alle Beilagen und Saucen werden aus frischen Zutaten hergestellt, die Karte listet akribisch alle Landwirte, Spargelhöfe und Metzgereien auf, von denen die Vennens ihre Zutaten beziehen. Die ganze Mühe hat übrigens auch einen Selbstzweck. „Was mir schmeckt", so erklärt Birgit Vennen ihre Philosophie, „das biete ich gern an, und was ich nicht mag, das verkaufe ich auch den Gästen nicht." Gute Küche kann ganz einfach sein.

RENTIERRÜCKEN

auf Brombeer-Chili-Sauce mit Selleriepüree

Zutaten für 4 Personen

800 g schierer Rentierrücken

Bratenfond

Chilifäden

Butterschmalz

250 ml Wildjus

3 EL Mehlstärke zum Abbinden

6 EL Brombeermark

1 EL Ahornsirup

100 g Crème double

4 cl Aquavit (Linie oder Jubiläumsaquavit)

1 kg mehlige Kartoffeln

1 kg Sellerie

ca. ¼ l Milch

250 ml Sahne

50 g Butter

Salz, schwarzer Pfeffer

Muskat

Zubereitung

Für die Sauce Bratenfond mit Wildjus ablöschen und aufkochen. Den Sud in einem Topf abgießen. Brombeermark, Ahornsirup, Chilifäden, Crème double und Aquavit hinzugeben. Anschließend mit Mehlstärke abbinden und mit Pfeffer und Salz abschmecken.

Fleisch in 60 bis 70 g schwere Medaillons schneiden. Mit Butterschmalz in der heißen Pfanne von beiden Seiten leicht rosa anbraten, herausnehmen und anschließend mit schwarzem Pfeffer und Salz würzen. Das Fleisch zugedeckt warm stellen.

Für das Püree Kartoffeln und Sellerie schälen, grob würfeln und mit Salzwasser bedeckt weich kochen. Abgießen und durch die Kartoffelpresse drücken. Das zerdrückte Gemüse in einen Topf geben und so viel heiße Milch und Sahne zufügen, bis man ein geschmeidiges Püree erhält. Mit dem Schneebesen die Butter einarbeiten, mit Salz, Pfeffer und Muskat abschmecken. Die Medaillons mit den heißen Beilagen und der Sauce auf vorgewärmten Tellern anrichten. Als Beilage passt Brokkoli mit gerösteten Mandelsplittern.

BRAUHAUS-
SAUERBRATEN
vom Pferd

Zutaten für 8 Personen

ca. 2 kg Pferdefleisch
(am besten Oberschale)
2 Metzgerzwiebeln
2 EL Sauerbratengewürz
4 Lorbeerblätter
8 Wachholderbeeren
250 ml Kräuteressig
250 ml Wasser
250 ml Rotwein

Wurzelgemüse

2 Möhren
1 Stück Sellerie
1 Stück Porree
2 Tomaten
1 Zwiebel
3 EL Zuckerrübenkraut
ca. 500 ml Brühe
zum Aufgießen
Butterschmalz
Salz
Pfeffer
Rosinen
Saucenbinder
1 Schuss Rotwein

Zubereitung

Das Fleisch in einem zugedeckten Behälter (z. B. aus
Steingut) in einen Sud aus Essig, Wasser, Rotwein,
Sauerbratengewürz, Lorbeerblättern, Wacholderbeeren
und Zwiebeln ca. 4 – 6 Tage einlegen. Zwischenzeitlich
wenden. Das Fleisch aus der Einlage herausnehmen,
trocken tupfen und in einem Bräter mit Butterschmalz
von allen Seiten gut anbraten.
Das klein geschnittene Wurzelgemüse, die halbierten
Tomaten und die Zwiebelstücke hinzugeben und
zusammen anschwitzen. Mit der Brühe angießen.
Das Fleisch bei kleiner Temperatur ca. 2 ½ Stunden
im zugedeckten Bräter schmoren lassen. Danach herausnehmen, Bratenfond in einen anderen Topf passieren, mit Rotwein aufgießen und mit Rübenkraut,
Pfeffer und Salz abschmecken.
Rosinen hinzugeben, kurz ziehen lassen und mit
Saucenbinder (dunkel) binden. Dazu passen hervorra-
gend Rotkohl, Knödel und Apfelmus.

Im Alten Brauhaus • Korschenbroich-Liedberg

Mit dem Niederrhein war Wolfgang Eickes immer schon auf das Engste verbunden – und mit dem Kochen auch. Aber der Wahl-Mönchengladbacher hat auch ausgiebig über den heimischen und den beruflichen Tellerrand hinausgespäht, hat Philosophie studiert und Kunst, hat im schweizerischen St. Moritz gearbeitet und in New York. Auf eine leitende Position im berühmten Düsseldorfer Restaurant *Schiffchen*, wo es Eickes zum stellvertretenden Chef de Cuisine brachte, folgte die Selbstständigkeit: Eickes eröffnete das noch heute unter Gourmets sprichwörtliche *La Mairie* in Wassenberg, begeisterte die Gourmets später im Nettetaler *Haus Bey* und leitet heute das *Palace St. George* in Mönchengladbach. Viele Stationen am Niederrhein also – aber inzwischen sogar noch um einiges konsequenter als je zuvor. „Ich bin regionaler geworden", sagt der Patron des *Palace*, „ich habe Leute gefunden, die tolle Sachen anbauen."

Regionale Küche im Rahmen einer ehemaligen Erziehungsanstalt samt denkmalgeschützter Kirche, die zum Designhotel ausgebaut wurde? Aber ja, auch im elegantesten denkbaren Rahmen machen sich Wild aus den Wäldern vom Niederrhein und alte Gemüsesorten ausgezeichnet. Im Bistro oder im Gourmetrestaurant setzt der begeisterte Tüftler Eickes nicht alles, aber eine ganze Menge seines Könnens auf die niederrheinische Karte. Weiße Bohnenmousse mit Räucheraal können die Kenner hier genießen, Steckrübentaler zum Frischlingsrücken aus Effeld oder Spitzkohl zur Wildente. Den Ziegenkäse aus Bosch arrangiert Eickes mit Aal und Harikseeforelle und gibt noch Spargel dazu, und zum Kalbsfilet unter der Ochsenmarkkruste darf es als Ergänzung auch ein Muhrre Jubbl mit Möhren sein. Das Regionale ist – an einem der Restauranttische im *Palace St. George* wird das deutlich – eben salonfähig geworden. Doch Eickes wäre nicht der vielgereiste Koch, der er ist, wenn er nicht auch Klassiker mit französischer Betonung oder aus Asien stammende Gewürze einfließen lassen würde. Bressehuhn und Steinbutt, Zitronengrasschaum und confierter Schweine-

bauch – der Chef lässt sich gern von neuen Aromen, Zubereitungsmethoden und Produkten überraschen und gibt diesen „surprise factor" an seine Gäste weiter. Nicht nur bei Tisch, sondern auch am Herd: Seine Kochkenntnisse und seine Leidenschaft für die Produkte der Umgebung vermittelt Wolfgang Eickes gern im Rahmen eines der regelmäßig angebotenen Kochkurse. Da kann es um Wild gehen oder um asiatisch marinierten Fisch, um Desserts für Wagemutige oder gar ums Kochen auf medizinische Art.

Neugierig bleibt Wolfgang Eickes auch beim Wein. Interessiert hat er sich schon immer für die weißen und roten Spitzen aus Deutschland, aber auch Wein aus Österreich, Frankreich oder Italien – in den letzten Jahren wurden Tausende von Flaschen und Hunderte von Sorten zu einer der besten Weinkarten am Niederrhein zusammengetragen. Da trifft es sich gut, dass im Haus zwölf individuell eingerichtete Designerzimmer zur Verfügung stehen und keiner gezwungen wird, den Führerschein aufs Spiel zu setzen.

WILDENTE
auf Spitzkohl „untereinander"

Zutaten für 4 Personen
2 Wildenten
500 g Wurzelgemüse
(Möhren, Zwiebeln, Sellerie, Lauch)
1 EL Tomatenmark
500 ml Rotwein
500 ml Geflügelfond
Sojasauce
Lorbeer
Wacholder
Nelken
Pfefferkörner
Rosmarin
2 Stück Spitzkohl
4 große Kartoffeln
1 Zwiebel
100 g Speck
50 g Butter
200 ml Milch
Salz, Pfeffer

Zubereitung
Von zwei gerupften, ausgenommenen
Wildenten die Keulen auslösen und die
Brust abschneiden. Die restliche Karkasse
klein hacken. Brust und Keulen in einem
Bräter scharf anbraten und beiseite
stellen. Die Karkasse mit Möhre, Sellerie,
Zwiebel, Lauch (grob gewürfelt) anrösten,
Tomatenmark hinzugeben und mit Rot-
wein und Sojasauce ablöschen. Lorbeer,
Wacholder, Nelken, Pfefferkörner, Rosma-
rin und Geflügelfond beigeben und die
Keulen und Brüstchen hineinlegen. Im
Ofen 20 – 30 Minuten garen. Das Fleisch
entnehmen und den Fond durch ein
Sieb passieren. Die Sauce binden und mit
Salz und Pfeffer abschmecken.
Für das Gemüse zwei Stück Spitzkohl in
Streifen schneiden und blanchieren. Die
Kartoffeln in Salzwasser kochen. Die
gehackte Zwiebel mit dem Speck in Butter
anschwitzen, mit Mehl bestäuben und
mit Milch ablöschen. Die Kartoffeln ein-
pressen und den Spitzkohl unterheben.
Mit Salz und Pfeffer abschmecken.
Tranchen von der Entenbrust und die
Keulen auf Spitzkohl servieren und mit
der Sauce nappieren.

Palace St. George • Mönchengladbach

CORDON ROUGE

vom Hirsch

Zutaten für 4 Personen

4 Tranchen Hirsch (aus der Oberschale)
4 Scheiben roher Schinken
4 Scheiben Morbier (Käse aus Frankreich)
etwas Wurzelgemüsestreifen
(Karotte, Lauch, Sellerie)
2 Eier
Mehl
Paniermehl
Öl und Butter zum Braten
Salz, Pfeffer

Zubereitung

Die Hirschtranchen plattieren. Mit rohem
Schinken, dem blanchierten Gemüse und den
Käsescheiben belegen, anschließend einrollen
und von außen mit Salz und Pfeffer würzen.
Die Hirschroulade mit Mehl, dem verquirlten
Ei und dem Paniermehl panieren, den Vorgang
noch einmal wiederholen, danach in Öl
anbraten und mit schäumender Butter nachbraten.

| Wolfgang Eickes

Niederrheinisch bedeutet nicht unbedingt die Beschränkung auf „Himmel und Erde", auf Blutwurst oder heimischen Spargel. Gastronomie auf niederrheinische Art kann auch ganz anders aussehen und sehr viel moderner daherkommen – wie das *Rosenmeer*, wo es im traditionellen Rahmen etwas anders zugeht, als man das von den Landgasthöfen der Region sonst kennt. Das altbekannte Café Rosenheim an den Bunten Gärten Mönchengladbachs wandelte sich im Jahr 2007 unter der Leitung von Ramzi Bensaid zum Design-Restaurant samt Boutique-Hotel: jugendlich, ideenreich und unkompliziert.

Küchenchef Denny Neumann und das *Rosenmeer* scheinen wie füreinander gemacht. Und das, obwohl der heute 30-Jährige Koch aus einer ganz anderen Ecke Deutschlands stammt. In Ludwigsfelde bei Berlin geboren, absolvierte er seine Ausbildung im Potsdamer *Schlosshotel Cecilienhof* und machte sich dann auf, die kulinarische Welt zu erkunden. In Südfrankreich begeisterte sich Neumann für die Vielfalt der Wochenmärkte, erhielt den letzten Schliff bei Rainer Hensen in der *Burgstuben-Residenz* und hat nun in Mönchengladbach alle Möglichkeiten, seine Gäste zu verblüffen.

„Fleisch und Fisch sind wichtig, aber wir probieren aber auch viel Vegetarisches aus", erklärt der Küchenchef, der im Restaurant des *Rosenmeer* – die am Anfang eingeführte Zweiteilung aus Gourmetlokal und Bistro wurde inzwischen aufgegeben – in einer Woche mehr Überraschungen serviert als andere Köche in einem ganzen Jahr. Mal deftig, mal komplex und gern mit dem Besten, was der Markt hergibt. „Nebraska-Rinderfilet ist zum Beispiel ein tolles Produkt", schwärmt Denny Neumann, der Ravioli und Wollschwein-Schinken selbst herstellt, der einen Hamburger mal nicht mit Hackfleisch, sondern mit Garnelen brät (und zu diesem Zweck natürlich auch die Hamburgerbrötchen selbst backt) und die Kartoffelchips in der eigenen Küche schneiden lässt. Niederrheinisch? Auf den ersten Blick nicht, auf den zweiten sehr wohl. Die Liebe zum Essen und das Experimentieren mit frischen Produkten sind ja auch irgendwie typisch für die Gegend.

HAMBURGER VON DER GARNELE

mit fruchtiger Sauce und hausgemachten Kartoffelchips

Zutaten für 4 Personen

Hamburgerbrötchen

500 g Weizenmehl
240 ml Milch zimmerwarm
60 g Butter, weich
1 Ei
1 EL Trockenhefe
¾ TL Salz
3 EL Zucker

Hamburgersauce

2 Scheiben kross gebratener Bacon
1 Stange Zitronengras
1 kleines Stück Chilischote
1 kleines Stück Ingwer
210 g Tomaten
12 g Knoblauch
84 g Zwiebeln
52 g frische Ananas
20 g Pattayamango
20 g Papaya
25 ml Balsamico bianco
30 g Bananen
50 g Zucker

Knoblauchmayonnaise

2 Eigelb
1 Knoblauchzehe

1 TL Dijonsenf
1 Prise Salz, weißer Pfeffer aus der Mühle
1 Prise Zucker
250 ml Sonnenblumenöl

Garnelen

180 g Garnelen
15 g Schalotten
2 – 3 Blätter Koriander
Fleur de Sel
Pfeffer aus der Mühle
2 g Piment d'Espelette
Zitronensaft
Zucker
Butter
1 Knoblauchzehe
Rosmarin, Thymian

Zubereitung

Zucker und Trockenhefe in die Milch einrühren und einige Minuten stehen lassen. Mehl mit Butter, Ei und Salz in eine Schüssel geben. Milch zu den übrigen Zutaten geben und alles zu einem glatten Teig verkneten. Die Schüssel mit einem Tuch abdecken und den Teig ca. 1 Stunde an einem nicht zu kalten Ort gehen lassen. Danach den Teig kräftig durchkneten

und in 12 Stücke teilen. Jedes Stück zu einer Kugel formen. Zwei Backbleche mit Backpapier belegen und je 6 Kugeln auf ein Blech setzen. Die Kugeln flach drücken, bis runde Fladen von ca. 1 Zentimeter Dicke entstanden sind. Abgedeckt ca. 45 Minuten an einem nicht zu kalten Ort gehen lassen. Im vorgeheizten Ofen bei 175° C (Umluft) ca. 15 Minuten backen, auskühlen lassen.

Für die Sauce alle Zutaten in einen Topf geben, aufkochen und etwas einkochen. Nun den Bacon, Zitronengras, Chili und Ingwer aus dem Topf nehmen und den Rest mit einem Pürierstab pürieren, bis eine dickflüssige Masse entsteht. Abkühlen lassen, in Einweggläser verpacken und gut verschließen. Aus Eigelb, Knoblauch, Senf sowie Salz, Pfeffer, Zucker und Sonnenblumenöl eine Knoblauchmayonnaise herstellen.

Die Garnelen zu einem ganz feinen Tatar hacken, mit den restlichen Zutaten in einer Schüssel vermengen und abschmecken. Nun die Garnelenmasse in einem Anrichtering in Form bringen und in der Pfanne mit etwas Öl anbraten. Bevor sie fertig sind, Knoblauch, Butter und Kräuter dazugeben. Hamburger zusammensetzen. Dazu Kartoffelchips reichen.

HAUSGERÄUCHERTE RED-KING-WILDLACHSVARIATION

mit Basilikum–Mayonnaise, Vongole, Flusskrebsen,
Kaviar vom weißen Stör, Tomatengazpacho
und Wüstenbrot

Zutaten für 4 Personen
400 g Red-King-Wildlachs
(wahlweise schon geräuchert)

pro kg Fisch
10 g Salz, 1 g Zucker
20 g Kaviar vom weißen Stör

Mayonnaise
2 Eigelb
1 TL Dijonsenf
1 Prise Salz, 1 Prise Zucker
weißer Pfeffer aus der Mühle
250 ml Sonnenblumenöl

Flusskrebse und Vongole
12 frische Flusskrebse
16 Vongole (Venusmuscheln)
1 l leichter Fischfond
1 Karotte, ¼ Sellerie, 2 Schalotten
50 g Petersilienwurzel
10 g schwarze Pfefferkörner
2 – 3 Lorbeerblätter

Basilikumpesto
2 Bund Basilikum
1 Knoblauchzehe
50 g Pinienkerne
50 ml Chimera-Olivenöl
50 g Parmesan
Fleur de Sel, Pfeffer aus der Mühle

Wüstenbrot
125 ml Wasser
250 g Weizenmehl
25 ml Olivenöl, Fleur de Sel
gemahlener schwarzer Kümmel
Sesam

Tomatengazpacho
100 g geschälte Gurken
190 g Tomaten
7 g Knoblauch
25 g entkrustetes Weißbrot
5 g Basilikum
250 ml Tomatensaft
40 g Schalotten
1 Spritzer Tabasco
160 g rote Paprika
25 g Staudensellerie
200 ml Geflügelfond

Zubereitung
Den Lachs enthäuten und entgräten, danach
mit dem Salz und dem Zucker gleichmäßig
einreiben und auf einem Gitter im Kühlschrank
circa 12 Stunden ziehen lassen. Danach mit
feinen Buchenspänen 12 Stunden kalt räuchern.
Herausnehmen und 2 – 3 Stunden auslüften
lassen. Für die Mayonnaise Eigelb und Senf in
eine Schüssel geben und mit Salz, Pfeffer und
Zucker vermengen. Alle Zutaten sollten dieselbe

Denny Neumann

Temperatur haben. Unter ständigem Rühren tröpfchenweise das Sonnenblumenöl einrühren. Die Masse darf sich nicht trennen. Kalt stellen. Für das Pesto alle Zutaten in einen Standmixer geben und zu einer sehr feinen Paste verarbeiten. Danach das Pesto mit der Mayonnaise vermengen und alles durch ein feines Sieb streichen, so dass eine feine Creme entsteht. Kalt stellen. Für die Krebse und Muscheln einen Topf mit Karotten, Sellerie, Petersilienwurzel, Schalotten,

Pfefferkörnern und Lorbeerblättern mit Wasser ansetzen und aufkochen lassen. Lebende Krebse in die kochende Bouillon geben und 3 - 4 Minuten kochen lassen. Krebse aus dem Topf nehmen, in Eiswasser abschrecken, auslösen, Darm entfernen und kalt stellen. Nun die Muscheln auf die gleiche Weise zubereiten, bis sie sich öffnen. Für das Wüstenbrot alle Zutaten in eine Schüssel geben und gut vermischen. Auf Mehl hauchdünn ausrollen.

Dann in einer heißen, trockenen Pfanne ohne Öl bei hoher Temperatur backen. Vor dem Servieren im Backofen bei 260° C trocknen. Für die Gazpacho alle Zutaten in eine Schüssel geben und eine Nacht marinieren lassen. Am nächsten Tag die Zutaten in einen Standmixer geben und fein pürieren, bis alles die Konsistenz einer Suppe bekommen hat. Wahlweise durch ein Sieb streichen. Eisgekühlt servieren.

Mit den Jahreszeiten nimmt man es schon genau in Mönchengladbach. Ende Juni wird das letzte Mal Spargel serviert, ein paar Tage später folgen meist schon die ersten Pfifferlinge der Saison. Beide Produkte werden im Restaurant *Kaiser Friedrich* auf die verschiedensten Arten verfeinert, werden vielleicht mit frischem Zander oder mit einer Tranche vom Schweinefilet veredelt. Und beiden Produkten, den Pilzen wie dem königlichen Gemüse, ist eines gemeinsam: Sie stammen vom Niederrhein und werden stets frisch in die Küche am Bunten Garten, dem botanischen Garten der Stadt, geliefert – ebenso wie das Marktgemüse oder die Kartoffeln (aus denen Uwe Gaul und Marcus Hütz vielleicht einen Kartoffelkuchen als originelle Beilage backen) oder der Kaninchenrücken (der auch schon mal mit einer verblüffenden Bananen-Ananas-Sauce aufgetragen wird).

Halt: Bananen-Ananas-Sauce? Ja, aber klar! Uwe Gaul ist zwar Niederrheiner mit Leib und Seele und verbrachte sein gesamtes Privat- und Berufsleben an verschiedenen Stationen in der Region, ist aber trotzdem neugierig. Und er weiß, was die Niederrheiner mögen. „Konservativ sind die Menschen hier nicht", widerlegt der Patron des *Kaiser Friedrich* geltende Vorurteile. „Sie sind durchaus aufgeschlossen für andere Einflüsse." Heimische Produkte verfeinert der Vollblutgastronom also gern mit Gewürzen oder Beilagen, mit Kräutern oder Aromen, die er aus aller Welt bezieht. Marcus Hütz, seit drei Jahren als Küchenchef mit im Team, setzt um, was sich auch außerhalb Mönchengladbachs längst herumgesprochen hat und was zur gastronomischen Villa im vermutlich berühmtesten Park am Niederrhein passt. Tatsächlich kocht es sich noch mal so angenehm, wenn man seinen Arbeitsplatz in dem mehr als 30 Hektar großen Bunten Garten mit seinen mehr als 2.400 Bäumen und den kaum zu zählenden Blumen eingerichtet bekommt. Dann lässt sich auch das bewerkstelligen, was selten ist am Niederrhein: durchgehend warme Küche auf hohem Niveau und mit viel Abwechslung. Und mit großem persönlichen Engagement, denn das Küchenteam ist vom frühen Morgen bis zum späten Abend ununterbrochen im Einsatz. Hausgebackene Kuchen am Nachmittag, vegetarische Menüs oder wechselnde Tagesgerichte zur Lunchzeit, nicht zu vergessen die Bankette mit siebengängigen Speisefolgen: Das *Kaiser Friedrich* ist längst zur guten Stube der Stadt geworden, und falls man zwischen Frühling und Winterzeit einen echten Mönchengladbacher nicht zu Hause antrifft, kann man ihn mit einiger Wahrscheinlichkeit im Bunten Garten, im Restaurant oder in der eleganten Freiluft-Lounge aufspüren. „Sogar meine Tante kommt immer mal wieder zum Essen vorbei", sagt Uwe Gaul. Die alte Dame ist schon 93 Jahre jung, eine echte Niederrheinerin und immer neugierig auf die aktuellen Kombinationen der Küche und die nächste kulinarische Jahreszeit!

SCHACHBRETT VON JAKOBSMUSCHELN UND THUNFISCH

an Wasabikaviar und Caponata von chinesischen Morcheln

Zutaten für 4 Personen

8 große Jakobsmuscheln

200 g frischer Thunfisch

4 Espressolöffel Wasabikaviar

ca. 50 g chinesische Morcheln

Strudelteig

2 schwarze Karotten

Austernsauce

Salz

Pfeffer

Reisessig

Sesamöl (ungeröstet)

frischer Koriander

Schnittlauch

Kerbel

1 Limette

Zubereitung

Jakobsmuscheln und Thunfisch mit Salz, Koriander und Limettensaft würzen, zu einem 6 Zentimeter langen und 4 Zentimeter breiten Würfel im Schachbrettmuster aufstapeln und im Anschluss im Strudelteig einpacken. Im vorgeheizten Ofen bei 250° C ca. 4 Minuten backen. Die chinesischen Morcheln sollten am Vortag im Wasser eingeweicht werden und können dann in leichtem Salzwasser ca. 30 Minuten gekocht werden. Danach im kalten Wasser abschrecken. Mit Reisessig, Sesamöl, Salz, Austernsauce und Kerbel zu einem Salat anmachen. Die schwarzen Karotten in wenig Wasser mit Zucker und Salz ca. 6 Minuten blanchieren, schälen und in dünne Scheiben schneiden. In etwas Sauce vom Salat marinieren.

KALBSFILET MIT SAUTIERTEN PFIFFERLINGEN

auf Jus de veau lié an frischem St. Huberter Stangenspargel und Pommes Pont-Neuf

Zutaten für 4 Personen

1,2 kg Stangenspargel (weiß)
500 g Kalbsfilet aus biologischer Zucht
200 frische Pfifferlinge
1 Schalotte
2 Stängel Blattpetersilie
150 g reduzierter Kalbsfond
100 g Butter
1 EL Zitronensaft
8 große neue Kartoffeln
Salz
Pfeffer (schwarz)
Zucker
Lauch zum Binden

Zubereitung

Das Kalbsfilet von Fett und Sehnen befreien, mit Salz und Pfeffer würzen und am Stück scharf anbraten. Im Ofen bei niedriger Temperatur (ca. 87° C) 35 Minuten garen. Für die Sauce den reduzierten Kalbsfond noch einmal abschmecken und mit kalter Butter aufmontieren.

Spargel schälen und von den Enden ca. 1 Zentimeter entfernen. Für den Fond ca. 1,5 l Wasser, eine Prise Salz und Zucker mit einem Spritzer Zitrone und einem Stich Butter zum Kochen bringen. Den Spargel langsam bei 95° C ziehen lassen, bis er al dente gegart ist. Die Kartoffeln begradigen und in etwa 1 Zentimeter breite Stäbchen von etwa 7 Zentimeter Länge schneiden. Wie Pommes frites frittieren. Pfifferlinge nach Möglichkeit nur mit dem Messer putzen. Schalotte in feine Würfel schneiden. Im Topf die Butter zerlassen und Schalottenwürfel andünsten. Temperatur erhöhen, Pfifferlinge dazugeben und bei leichter Bewegung mitdünsten. Mit Salz, Pfeffer und gehackter Petersilie abschmecken.

Zur Garnitur aus dem Lauch ca. 5 Millimeter dicke Streifen schneiden, danach waschen und in Salzwasser ca. 10 Sekunden blanchieren. Den al dente gekochten Spargel mit dem Lauch fest binden und unten nochmals begradigen, dann aufrecht auf dem Teller platzieren.

Die Kartoffeln wie einen Scheiterhaufen daneben anrichten und das aufgeschnittene Kalbsfilet darauf drapieren. Sauce angießen und Pfifferlinge davor aufhäufeln.

Marcus Hütz & Uwe Gaul

Die Weihnachtsfeier ist für Andreas Lehmann und seine Mitarbeiter einer der bedeutsamsten Anlässe des Jahres; Motivation ist schließlich wichtig für den alltäglichen Stress im Restaurant. Allerdings wird erst – ein wenig ungewohnt, aber in der Gastronomie nicht anders machbar – nach Heiligabend gefeiert. Dann, wenn der Vorweihnachtsstress abgeklungen ist und die ruhigere Jahreszeit anbricht.

Eine positive Grundeinstellung gegenüber den Gästen hat höchste Priorität im Hause Lehmann – für langjährige Mitwirkende und für neu hinzukommende Lehrlinge. Der gebürtige Brandenburger Andreas Lehmann bildet nicht nur regelmäßig Köche und Restaurantfachleute aus, er steht jeden Tag selbst in der Küche und sorgt auch mit viel Engagement und Ideen für Staunen bei den Myllendonkern und den restlichen Niederrheinern. Zigarrenabende oder Halloween-Feiern mag es auch anderswo geben, aber Musical-Veranstaltungen, Frühlingsmenüs mit live am Piano eingespieltem

Swing oder gar Verkostungen mit speziell abgefüllten Weinen oder Events mit geschmackvoll erotischem Touch gehören unverwechselbar zu *Lehmanns Restaurant*. Und wenn mal gar nichts los ist, was über das normale Angebot hinausreicht, wird man schnell feststellen, dass bereits dieses einige Grenzen sprengt. Allein der Garten mit alten Platanen und kunstvoll drapierten Kronleuchtern gehört zu den schönsten Orten am Niederrhein. Fast das ganze Jahr hindurch duftet es hier nach frischen Kräutern, und das hat seinen Grund. „Die beziehe ich aus den Modellgärten", berichtet Andreas Lehmann, der zwar aus Brandenburg stammt, aber die Region um Mönchengladbach längst als seine Heimat ansieht. In den Speisen findet man sie natürlich auch wieder, die Kräuter, in Gemeinschaft mit frischem, saisonalem Gemüse, in Begleitung von Klassikern wie dem Düsseldorfer Senfrostbraten oder dem berühmten „Armen Lehmann", der anderswo „Armer Ritter" heißt. Seine Lieferanten, die kennt Lehmann natürlich längst persönlich. „Mit

denen muss man sich identifizieren", sagt der Chef. Kartoffeln und Wurst kommen aus der Umgebung, Ziegenkäse und Eier, der Spargel sowieso. Gekocht wird aber mitnichten bloß regional, sondern so vielfältig und abenteuerlustig, wie es nur geht. Kenner und Stammgäste lassen sich gleich mit dem viergängigen Überraschungsmenü versorgen und vertrauen darauf, dass Andreas Lehmann mal wieder in sein riesiges Repertoire an Rezepten greift und eine frisch gebackene Focaccia serviert, Hirschrücken mit Wacholderrahm oder – nach dem Motto fein und rustikal – eine Lachsschnitte mit Hummercremesauce und Drillingen ergänzt. Seiner Küche merkt man an, was dem ganzen Restaurant zu eigen und selten geworden ist in der durchgestylten und von Marketingexperten konzipierten Restaurantszene unsere Zeit: Persönlichkeit.

DÜSSELDORFER SENFROSTBRATEN

mit Rübstiel und Bratkartoffel

Zutaten für 4 Personen

4 Rumpsteaks à 220 g
60 g Schalottenwürfel
1 EL gehackte Petersilie
1 EL Senf
Olivenöl
Salz, Pfeffer aus der Mühle

Bratkartoffeln

800 g gekochte Kartoffeln
Butterschmalz
1 Zwiebel
Salz, Pfeffer, frischer Majoran
Speckwürfel

Rübstiel

2 Rübstiel
20 g geräuchert durchwachsener Speck
20 g Zwiebelwürfel
40 g Butter

10 g Mehl
100 ml Sahne
Salz, Pfeffer und Muskatnuss

Zubereitung

Die Schalottenwürfel mit einem Esslöffel Olivenöl glasig andünsten (farblos), gehackte Petersilie und Senf dazugeben, alles verrühren und kalt stellen. Die Steaks mit Salz und Pfeffer aus der Mühle würzen. Die Steaks auf einer Seite mit der Zwiebel-Senf-Masse bestreichen, mit der Senfseite auf einen Mehlteller legen und in einer vorgeheizten Pfanne mit Pflanzenöl zuerst auf der Senfseite anbraten. Vorsichtig mit einer Palette und Gabel wenden und auf der zweiten Seite anbraten. In den vorgeheizten Backofen geben (ca. 180° C) und ca. 8 – 10 Minuten je nach gewünschtem Gargrad garen. Für die Bratkartoffeln die am Vortag gekochten Kartoffeln in Scheiben schneiden. Eine Eisen-

pfanne erhitzen, Butterschmalz schmelzen und die in Scheiben geschnittenen Bratkartoffeln goldbraun anbraten. Zu den halbfertig gebratenen Kartoffeln Speckwürfel zugeben und mit anbraten. Kurz vor Fertigstellung Zwiebelwürfel dazugeben, mit Salz und Pfeffer würzen und kurz vor dem Anrichten gezupften Majoran einstreuen.

Für das Rübstiel Speck und Zwiebelwürfel in der Butter leicht anbraten, mit Mehl bestäuben, durchschwenken und Sahne angießen. Mit Salz, Pfeffer und geriebener Muskatnuss abschmecken. Den Rübstiel gründlich waschen und abtropfen lassen, danach in ca. 3 Zentimeter lange Stücke schneiden. In Salzwasser kurz blanchieren. In Eiswasser abschrecken (so bleibt er schön grün), abtropfen lassen, dann zu der Specksauce geben, gut durchschwenken und anrichten.

ARMER LEHMANN
mit Beerenfrüchten

| Andreas Lehmann

Zutaten für 4 Personen

250 ml Milch
2 EL Zucker (30 g)
½ Vanilleschote
2 Eier
50 g Butter
80 g Zucker
8 Scheiben Brioche
Mascarpone
Erdbeermark

Milch, Zucker und Vanille kurz aufkochen, ziehen lassen, passieren und zur Seite stellen. Vier Scheiben Brioche mit Mascarpone und vier mit Erdbeermark bestreichen, zusammenlegen und in der gewünschten Form zuschneiden. Kurz in der Vanillemilch tränken, durch das aufgeschlagene Ei ziehen und in einer Pfanne, in der der Zucker in der Butter karamellisiert wurde, von beiden Seiten leicht anbraten.

Anschließend in den vorgeheizten Ofen (175° C Umluft) schieben und ca. 10 Minuten goldbraun backen.
Auf einem Teller mit Vanillesauce anrichten und mit Beerenfrüchten und Minze garnieren.

Willi Hastenrath hat es nicht weit, um sein Elternhaus zu besuchen. Der 47-Jährige wuchs in Rheindahlen auf, gerade mal zwei Kilometer von Merreter entfernt, und wenn man überhaupt einen Koch in der Umgebung als echten Niederrheiner bezeichnen will, dann sicher ihn. Ans Weggehen dachte der heutige Inhaber des Restaurants *Flachs Hof* gewiss schon das eine oder andere Mal, doch letztlich gefiel es Willi Hastenrath einfach zu gut in Mönchengladbach, als dass er sich anderswo niederlassen wollte. Zumal es noch vieles zu entdecken und zu erleben gibt, nicht nur in landschaftlicher, sondern auch in kulinarischer Hinsicht. „Ich habe dieses Jahr zum ersten Mal schwarze Nüsse gemacht", schwärmt Hastenrath. Aus grünen, unreifen Walnüssen, die eingelegt werden und durch Fermentation allmählich eine dunkle Farbe und einen herrlich herb-würzigen Geschmack annehmen. Die Nüsse stammen natürlich aus der Umgebung – wie auch viele andere Zutaten, die im *Flachs Hof* zu ungewöhnlichen Kreationen veredelt werden. Merreter Bratkartoffeln etwa gelten als Klassiker, der von den Tischen des alten Hofes aus dem 17. Jahrhun-

dert nicht mehr wegzudenken ist, und der typisch niederrheinische Ziegenkäse gehört unverwechselbar zum Gasthof mit dem vielleicht schönsten Innenhof im Umkreis von 50 Kilometern um Mönchengladbach. Doch aufs streng Regionale will sich Willi Hastenrath nicht festnageln lassen, viele Anregungen kommen aus Frankreich, Olivenöl und Weine bringt er aus Mallorca mit nach Merreter, und immer lässt sich der gelernte Koch von der Saison und dem Angebot des Marktes inspirieren. Eine gebratene Geflügelleber wird mit Knoblauchbrot kombiniert, die Roten Beete mit warmer Kalbszunge. Bioprodukte spielen eine große Rolle, asiatische Gewürze und Zubereitungsideen fließen mit ein. Wenn französische Blutwurst mit Reispapierblättern, Ziegenkäse und Apfelkraut kombiniert und anschließend in Fett ausgebacken serviert wird, dann ist das ein herrliches Zusammenspiel von Aromen, von schmelzend und knusprig, und ein Beispiel für moderne, weltoffen regionale Kochkunst. Ob man das „Neue Niederrheinische Küche" nennen sollte? Das übliche Spiel mit den Sternen und Punkten der Restaurantführer spielt Willi Hastenrath

übrigens nicht mit. „Die Perfektion muss auf dem Teller herrschen, der Rest kann ruhig ein bisschen wackelig sein", sagt der Seniorchef. Hauptsache, die Gäste sind zufrieden mit Kreationen wie dem Spanferkelrücken mit Schwarzbierjus oder dem Hummerragout mit Chili, Kokos und Limetten und lassen sich hinterher vielleicht noch die frisch gebackenen Crêpes mit Vanillecreme schmecken. Gut möglich, dass Vorspeisen, Hauptgerichte und Desserts dann und wann nicht vom Chef, sondern von einem der beiden ausgelernten Köche Alexander Rademacher und Christian Raidt oder gar vom Lehrling angerichtet werden. Der Nachwuchskoch heißt mit Vornamen Tobias und mit Nachnamen Hastenrath und ist niemand anderes als der Sohn des Patrons, der hier seine Lehre zum Koch absolviert. Ob der Junior einmal die Verantwortung für den *Flachs Hof* übernehmen wird, ist allerdings noch offen. Noch denkt Willi Hastenrath nicht an den Ruhestand, noch existieren zu viele spannende Gerichte, die er ausprobieren und mit denen er seine Gäste überraschen möchte.

LACHS IN DER MANGOKRUSTE

mit Ingwersauce

Zutaten für 4 Personen
4 Portionen Lachs à 200 g

Mangokruste
150 g reife Mango
50 g schaumig geschlagene Butter
1 EL grober Dijon-Senf
2 Eigelb
2 Scheiben zerbröselter Toast
Salz, Pfeffer

Sauce
je 80 g Zwiebeln, Lauch, Möhre und Sellerie
100 ml Weißwein

250 ml Fischfond
2 Anissterne
80 g geriebener frischer Ingwer
1 TL Kurkuma
150 ml Sahne
1 EL Crème fraîche

Zubereitung
Die Mango pürieren, mit der schaumig ge-
schlagenen Butter und den übrigen Zutaten
vermengen, mit Salz und Pfeffer abschmecken.
Gemüse gleichmäßig würfeln und in Öl
anschwitzen. Mit dem Weißwein ablöschen,
anschließend den Fischfond zugeben. Jetzt die

Gewürze zufügen und 5 Minuten köcheln
lassen. Zum Schluss mit Sahne und Crème
fraîche verfeinern.
Den Lachs auf beiden Seiten anbraten, mit
einer Schicht der Mangomasse belegen und
2 – 3 Minuten unter dem Salamander (oder im
Ofen bei Oberhitze) gratinieren.

SAMOSAS MIT BOUDIN NOIR

mit Ziegenfrischkäsemousse

Zutaten für 4 Personen

175 g Boudin noir (Blutwurst)

1 EL gewürfelte Zwiebeln

1 EL Schmalz

150 g gekochte und gestampfte Kartoffeln

Reispapierblätter

1 Eigelb

Fett zum Frittieren

Willi Hastenrath

Ziegenfrischkäsemousse

2 Blatt weiße Gelatine

½ Zitrone

300 g Ziegenfrischkäse

200 g saure Sahne

150 g geschlagene Sahne

Sauce zu Samosas

50 g Apfelkraut, 100 ml Malzbier

1 EL Balsamico

1 EL Jus

1 EL kalte Butterflöckchen

Zubereitung

Zwiebeln in Schmalz anschwitzen, Blutwurst und Kartoffeln zugeben, alles miteinander vermengen und diese Masse zu 8 kleinen Röllchen formen. Diese in Reispapier einwickeln

und mit Eigelb festkleben. Anschließend in Fett schwimmend ausbacken. Gelatine einweichen und auflösen, mit dem Zitronensaft, dem Frischkäse und der gesamten Sahne vermischen, zu einer Masse verarbeiten, erkalten lassen und Nocken formen. Die Ziegenfrischkäsemousse-Nocken und die Samosas anrichten. Für die Sauce alles zusammen aufmontieren und diese zu den Samosas reichen.

Zell-Merl an der Mosel mit Weingut Kallfelz

Wein und Rhein

Mönchengladbach und Xanten gelten nicht als berühmte Weindörfer, und überhaupt: Deutlich nördlich von Ahr oder Mittelrhein kann laut Lehrbuch keine Rebe gedeihen. Doch wer sich die Vergangenheit anschaut, erkennt schnell, wie selbstverständlich Weinberge früher auch auf der Höhe von Düsseldorf und Duisburg waren. Möglich machte diese Entwicklung die mittelalterliche Warmzeit, die ein paar hundert Jahre lang für mildes Klima und vergleichsweise hohe Temperaturen sorgte. Weil es anschließend wieder kälter wurde, gab man die meisten Flächen auf. Ob die Begeisterung der Niederrheiner für ausgesuchte Tropfen also aus dem Mittelalter herrührt? Inzwischen stehen dank Klimawandel immerhin ein paar Hobbyreben am Niederrhein. Tatsache ist außerdem, dass die Weinkarten der Restaurants überdurchschnittlich gut sortiert sind und dass viele Winzer von Ahr oder Mosel, aus der Pfalz und aus Rheinhessen gern für einen Tag den Weg in den Norden antreten. Um ihre Rieslinge und Spätburgunder zu präsentieren – oder um einfach mal wieder gut und niederrheinisch zu schlemmen.

Ein Niederrheiner ist er nicht, und kochen tut Albert Kallfelz auch nicht täglich. Man könnte also mit Fug und Recht sagen, dass der Winzer von der Mosel in einem Buch über niederrheinische Köche eigentlich nichts zu suchen hat. Doch man darf auch das Gegenteil behaupten. Wenn überhaupt ein deutscher Weinerzeuger engen Kontakt zum Niederrhein pflegt, dann der Moselaner Albert Kallfelz. Tatsächlich kommt der Zeller, der von den Weinführern zu den führenden Erzeugern der Region gezählt wird, nur zu gern und regelmäßig in die flache Landschaft zwischen Düsseldorf und niederrheinischer Grenze. Weil er weiß, dass seine Rieslinge hier auf Begeisterung stoßen und weil sie ausgezeichnet passen zu all dem, was am Niederrhein so gedeiht. Spargel und duftiger Riesling sind eine Kombination, die nicht zu übertreffen ist. Niederrheinischer Ziegenkäse harmoniert fabelhaft mit einem Kabinett, der durchaus noch ein paar Gramm Restzucker aufweisen darf. Und mit einer Blutwurst, einer Forelle oder den Schnecken aus der Moerser Schneckenzucht funktioniert die Verbindung mit dem Moselriesling ebenfalls so gut, dass kaum ein Gourmet noch mal etwas anderes bestellt, wenn er einmal den Mosel-Versuch unternommen hat.

Als Albert Kallfelz im Jahre 1971 das Weingut in Zell-Merl von seinem Vater übernahm, da verfügte der kleine Betrieb über gerade einmal 1,94 Hektar. Bis zum heutigen Tag hat sich die Rebfläche auf 43 Hektar erhöht, und man muss in Deutschland schon eine ganze Weile suchen, bis man einen Betrieb mit mehr Weinbergen und gleichzeitig so hohem Qualitätsniveau findet. Im Laufe der Jahre hat Albert Kallfelz viele Parzellen in den besten Zeller Lagen dazu erworben. *Merler Stephansberg* oder *Adler* heißen zwei der bekanntesten Moselhänge. Die spannendsten Weine kommen aber vielfach aus der Schiefer-Steillage *Königslay-Terrassen*, auch das „Große Gewächs", der geschmacklich trockene Spitzenwein des Hauses.

Auf der anderen Seite des Qualitätsspektrums findet sich die saftige, elegante Auslese, die allerdings immer so ausgebaut wird, dass sie perfekt zum Essen passt. Edelsüße Trockenbeerenauslesen mit sehr viel Zucker, wie sie an der Mittelmosel für viel Geld an Sammler verkauft werden, sind nicht das Ziel des *Weinguts Kallfelz*. Viel lieber erklärt der Winzer allen Liebhabern des Moselrieslings den Zusammenhang zwischen Boden und Weingeschmack und verrät, welcher Jahrgang zu welchen Speisen passt. Überdurchschnittlich gute, terroirgeprägte Weine zu einem bezahlbaren Preis – das ist das Ziel des Albert Kallfelz. Wer nicht selbst in Zell vorbeischauen und den Wein persönlich beim *Weingut Kallfelz* verkosten möchte, muss einfach nur fragen, wann der Winzer wieder mal am Niederrhein unterwegs ist und in welchem Restaurant er seine besten Tropfen vorstellt. Lange muss niemand warten …

Weingut Albert Kallfelz

Weingut Albert Kallfelz

Skulptur bei Hinsbeck

Das Herz des Niederrheins

Niederkrüchten heißen die Orte im Zentrum des Niederrheins, Süchteln oder Schiefbahn. Unverwechselbar, schon beim ersten Hinhören. Umgeben sind sie von einer Landschaft, die durch kleine Wälder, viele Felder und Seen geprägt ist, durch urige Restaurants im Nirgendwo und Köche, die ihre Kräuter noch im eigenen Garten ziehen und den Spargel beim Bauern nebenan einkaufen. Die kleine Metropole Krefeld ist da kein Gegenentwurf, sondern einfach eine Ergänzung zum Naturpark Maas-Schwalm-Nette. Wer sich einmal als Koch etabliert hat, der bleibt auch – ganz egal, ob er aus Frankreich stammt, wie der Wahl-Krefelder Yves Chopelin, oder aus dem Sauerland wie Thomas Teigelkamp. Selbst Nachwuchsstars, die zuvor in London auf eine große Küchen-Karriere hoffen konnten, zogen die Beschaulichkeit des Niederrheins der hektischen Großstadt vor. Verwirklichen können sich die Köche nämlich auch hier, vor allem dank anspruchsvoller Gäste, die auch mal von weit her nach Willich, Hinsbeck oder Uerdingen fahren. Nur für ein Abendessen!

Krickenbecker See

Windmühle bei Krefeld

Wasserrad Borner Mühle, Brüggen

Aussichtsturm im Schwalmtal

Niederrheinlandschaft

ei der Ernte von Brennnesseln kommt es auf den exakten Zeitpunkt an. Wer ein paar Tage länger wartet als angemessen wäre, erntet zu große, zu grobe und leider auch zu stark brennende Blätter. Und wer zu früh unterwegs ist, findet gar nichts. „Brennnesseln gibt es nur ein paar Wochen im Jahr", sagt Hans-Peter Römer, Inhaber und Küchenchef von *Römers Restaurant*. Genau dann muss man zugreifen und die zarten Blätter ernten. Von eigener Hand, wohlgemerkt, denn auf

sagt Hans-Peter Römer. Marmeladen werden in der eigenen Küche gekocht, Chutneys präpariert, und in Zusammenarbeit mit dem Dorfmetzger entstehen Rehsalami, Wildschinken und andere regionale Delikatessen.

Das nötige Handwerkszeug, um die Gourmets mit Kartoffelrösti samt hausgebeiztem Lachs, Hibiskusblüten und Wasabi-Mayonnaise oder mit einem Lammrücken unter roter Kräuterkruste zu begeistern, hat sich Römer an verschiedenen Stationen am Niederrhein erworben. Bevor er nach Brempt kam, kochte er mit Gerhard Gartner im legendären *Aachener Gala* – und dass er auch nach zwei Jahrzehnten gastronomischer Aktivitäten in Brempt noch viele Ideen hat, beweist ein Blick auf die häufig wechselnde Speisekarte, welche regionale Produkte ganz weit oben platziert. Die Weine allerdings, die in *Römers Restaurant* oder auf der idyllischsten aller denkbaren Gartenterrassen ausgeschenkt werden, die kommen immer öfter aus Baden. „Wir fahren gern an den Kaiserstuhl", sagt Maria Römer, die sich um die Betreuung der Gäste kümmert, „und wir mögen die Rot- und Weißweine aus dieser Gegend sehr gern." Das würden die vielen Stammkunden wohl sofort unterschreiben – nicht nur zu Brennnesselravioli passt ein Chardonnay oder Grauburgunder aus den vulkanischen Kaiserstuhllagen ganz ausgezeichnet.

dem Markt zu kaufen gibt es Brennnesseln nur selten. „Sie können dann als Suppe zubereitet werden", sagt Küchenchef Römer, „oder als Füllung für Ravioli." Brennnesselsalat oder Brennnesselgemüse sind ebenfalls Delikatessen – vorausgesetzt, die Blätter werden blanchiert oder so lange mariniert, bis kein Prickeln auf der Zunge mehr zu spüren ist.

Hans-Peter Römer, der das Restaurant in Brempt zusammen mit seiner Frau Maria führt, sammelt aber nicht nur die Brennnesseln selbst. Im Garten wachsen Kräuter wie Thymian, Kresse und Pimpinelle, und wo es Mairübchen oder Melde gibt, weiß der Chef ebenfalls ganz genau. In dem Haus in der Nähe des Hariksees wird auch übers Gemüse hinaus alles in Eigenproduktion hergestellt, was sich nur irgendwie selbst machen lässt. „Wir backen zum Beispiel unser Brot frisch",

Hans-Peter Römer

Zutaten für 4 Personen

Nudelteig

400 g Mehl, gesiebt

2 Eier

Salz

120 g Brennnesseln,
blanchiert und fein gehackt

Füllung

300 g Brennnesseln,
blanchiert und gehackt

150 – 200 g Ricotta

1 Zwiebel, fein gewürfelt

Salz, Pfeffer

Muskatnuss

1 – 2 EL Mehl

Gebratene Gambas

8 Gambas

Salz, Pfeffer

Zitrone

Knoblauch

Safransauce

ca. 0,5 g Safranfäden

20 g Butter

300 ml Weißwein

250 ml Brühe

250 ml Sahne

10 g Mehl

1 kleine Zwiebel

Salz, Pfeffer

Spargel

4 Stangen Spargel

etwas Olivenöl

Salz

Pfeffer

Zubereitung

Zwiebelwürfel glasig dünsten, mit etwas Mehl
bestäuben und mit Ricotta auffüllen. Die Brennnesseln hinzugeben, würzen und einige Minuten
kochen lassen. Die Masse auskühlen lassen.
Den Nudelteig in gleich große Bahnen ausrollen. Auf eine Nudelbahn in Abständen die Füllung geben, die Ränder mit Eigelb bestreichen
und eine zweite Bahn darüber legen, gut an-
drücken und Ravioli ausschneiden. Die Ravioli
einige Minuten in Salzwasser garen.
Spargel schälen, in Scheiben schneiden und in
Olivenöl braten. Salzen.

HAUSGEMACHTE GRÜNE RAVIOLI MIT BRENNNESSELN UND RICOTTA GEFÜLLT

dazu gebratene Gambas und Safransauce

Die Gambas waschen und putzen. Mit Salz,
Pfeffer und Zitrone würzen. In einer Pfanne
anbraten und kurz vor dem Servieren mit
einem Hauch Knoblauch abschmecken.
Für die Sauce Safran, die Hälfte der Butter und
50 Milliliter Weißwein zusammen aufkochen
und zur Seite stellen. Restlichen Wein in der
Brühe auf die Hälfte herunterkochen lassen. Die
Zwiebel fein würfeln und in Butter andünsten,
mit dem Mehl bestäuben und eine helle Mehl-
schwitze herstellen. Sahne und den bereits
aufgekochten Weißwein zugeben. Mit Salz und
Pfeffer würzen und alles einmal
aufkochen lassen, einige Minuten ziehen
lassen und danach absieben. Zum Schluss die
Safranfäden in die Sauce geben und aufmixen.
Alles anrichten.

Hans-Peter Römer

MINZ-PANNA-COTTA
mit Erdbeersalat in Erdbeerpüree

Zutaten für 4 Personen

300 g Sahne

80 g Zucker

4 cl Minzsirup

4 Blatt Gelatine

450 g geschlagene Sahne

350 g Erdbeeren

Zucker, weißer Balsamico

1 EL grüner Pfeffer

Zubereitung

Die Sahne mit dem Zucker aufkochen. Anschließend die Masse vom Herd nehmen und den Minzsirup hinzugeben. Die Gelatine einweichen und dann in der Sahne auflösen. Kurz vor dem Gelieren die geschlagene Sahne unterheben. Nun das Minz-Panna-cotta in passende Förmchen abfüllen.

Die Erdbeeren waschen und putzen. 50 Gramm der Erdbeeren mit etwas Zucker pürieren und mit dem Balsamico und dem grünen Pfeffer würzen. Die restlichen Erdbeeren vierteln und mit dem Püree abschmecken.

Wenn Josef Hiller, der Inhaber des *Kaiserhofs*, Appetit auf etwas Neues hat, dann fühlt er beim Küchenchef vor – und bittet um eine ungewöhnliche Kreation. Für Tim Patrick Lellau ist diese Situation nicht etwa unangenehm, sondern eine Herausforderung. Mit den verfügbaren Zutaten binnen weniger Minuten etwas Neues zu zaubern, etwas, das Sinn ergibt, ist ganz nach dem Geschmack des 29-Jährigen.

Die Gäste profitieren natürlich auch von der Kreativität des Küchenchefs, der schon mal Chili, Ossobuco-Essenz und Bockshornklee zu einer aromatischen Suppe verbindet oder ein Halsstück vom Schwein 18 Stunden lang bei niedrigen Temperaturen gart und mit geräuchertem Kartoffelpüree kombiniert. Vieles hat Lellau in seiner Zeit in London gelernt. „Ich war verantwortlicher Sous-Chef im *JB's Restaurant*", berichtet der Niederrheiner über die Zeit in der britischen Metropole. Binnen weniger Monate wurden die englischen Restaurantkritiker auf

den jungen Deutschen aufmerksam. Anschließend wollte sich Lellau in Südfrankreich weiterbilden, doch als er gerade am Mittelmeer eingetroffen war, erreichte ihn ein neues Jobangebot. Als Küchenchef im englischen *Shendish Manor Hotel* zeichnete Lellau für gleich drei Restaurants verantwortlich. Aber weshalb sollte man London gegen Schiefbahn eintauschen, die große Welt gegen den beschaulichen Niederrhein? „Das Leben kann hier konstruktiver zugehen", sagt der junge Koch. Weniger hektisch, deutlich billiger. Aber mindestens ebenso anspruchsvoll wie im Vereinigten Königreich. Hans Brocker, der neue Besitzer des *Kaiserhofs*, hat schließlich viel Geld in die Komplettrenovierung des Anwesens gesteckt, und seine kulinarischen Ambitionen sind mindestens so groß wie die des Küchenchefs. Nicht nur die Einheimischen sollen in den kommenden Jahren noch weiter von der Klasse der Küche überzeugt werden, auch die weit reisenden Gourmets sind will-

kommen. Doch übertreiben wollen es Tim Lellau und Josef Hiller dann auch wieder nicht. Auf der Terrasse werden auch Salate und mediterrane Leckereien serviert; wer es aber kreativ haben möchte, der wird mittags und abends fündig im *Kaiserhof* und mit dem wöchentlich wechselnden Abendmenü verblüfft. Übrigens dürfen es, was die Zutaten angeht, nicht nur Steinbutt sein oder Hummer, der berühmte Sashimi-Thunfisch auf asiatischem Salat oder eine Entenleberterrine nach französischem Vorbild. Tim Patrick Lellau schätzt auch das, was es am Niederrhein so gibt an Köstlichkeiten: Ziegenkäse aus dem Nachbarort, Dicke Bohnen (vielleicht zum Kalbsrücken mit Schalotten-Glace) oder Spitzkohl um Fisch. Die Verbindung aus „ländlich" und „fein" gelingt im *Kaiserhof* – und Vergleichbares dürfte in ganz London wohl nicht zu bekommen sein.

ABURI CHUTORO VOM SAKU-THUNFISCH

mit Ziegenkäse und marinierten Puy-Linsen

Zutaten für 4 Personen

240 g bestes Stück vom Thunfisch-Loin
1 EL Satay-Gewürz
1 Msp Tandoori-Gewürz
1 Msp Curry Jaipur
1 Msp Wasabi
1 EL Erdnussöl
1 EL getrocknete oder frische
Bockshornkleeblätter
100 g Ziegenkäse
120 g Puy-Linsen, getrocknet
2 Limettenblätter
1 EL Sesamöl
1 Zehe Knoblauch (gehackt)
1 EL Sojasauce
2 EL Sweet-Chili-Sauce
½ Schalotte (fein gewürfelt)

Zubereitung

Den Fisch zu einem ca. 20 mal 8 mal
2,5 Zentimeter umfassenden Rechteck
trimmen, mit allen Gewürzen, Wasabi,
Erdnussöl und den Bockshornkleeblät-
tern marinieren und ganz kurz von
beiden Seiten angrillen. Danach für
ca. 2 Stunden in den Kühlschrank stellen.
Den Ziegenkäse zerbröseln und anrichten. Die Linsen einweichen, mit Limet-
tenblättern in einem Topf kochen,
danach mit Sesamöl, Knoblauch, Sojasauce, Sweet-Chili-Sauce und Schalotten
marinieren, ebenfalls für zwei Stunden
kalt stellen.

Tim Patrick Lellau

WEISSER HEILBUTT AN KRÄUTER-SPANFERKEL

mit Pfifferlingen und Lauch-Knödel

Zutaten für 4 Personen

320 g Heilbuttfilet (frisch)
320 g Kräuter-Spanferkel (mit Haut)
100 g Butterschmalz
50 g Butter
400 g Pfifferlinge (gut gewaschen)
1 EL Traubenkernöl
1/2 Schalotte (fein gewürfelt)
1/2 EL Kerbel (frisch gehackt)
1/2 EL Estragon (gehackt)
6 altbackene Brötchen
40 g Mehl, gesiebt (klumpt dann nicht)
1 Schalotte (gewürfelt und angeschwitzt)
150 ml Milch
Salz, Pfeffer, Muskatnuss (abschmecken nach eigenem Ermessen)
1 TL Sesamöl
1/2 TL Ketjab Manis
1 Ei
4 Frühlingszwiebeln (fein geschnitten)
Schnittlauch, Petersilie (geschnitten, gehackt, auch für abschließende Teller-Dekoration)

Zubereitung

Heilbuttfilet vorsichtig in Butterschmalz goldig anbraten (links und rechts jeweils eine Minute) und für
3 – 4 Minuten im Ofen fertig garen. Koteletts auf der Haut einschneiden und zunächst auf dieser Seite kross anbraten (stehend), dann auch auf den beiden Seiten ein wenig Farbe geben. Mit etwas Butter bestreichen und für 3 – 4 Minuten im Ofen fertig garen.
Die Pfifferlinge in einer sehr heißen Stahlpfanne mit einem Schuss Traubenkernöl anbraten. Butter und fein gewürfelte Schalotten zugeben, kurz durchschwenken und mit etwas grob gehacktem Kerbel und Estragon bestreuen.
Für die Knödel die Brötchen grob raspeln, mit etwas Mehl vermengen, gedünstete Schalottenwürfel mit Milch ablöschen, mit der Brotmasse vermischen und diese mit Salz, Pfeffer, geriebener Muskatnuss und jeweils einem Schuss Sesamöl und Ketjab Manis würzen. Ein Ei unterrühren, Schnittlauch, gehackte Petersilie und fein geschnittene Frühlingszwiebeln einkneten.
Zu Knödeln abdrehen, in siedendem Wasser kochen und anschließend mit etwas Butter kurz nachglasieren.

Kaiserhof • Willich-Schiefbahn

Beim Fleisch kommt es auf die kleinen, feinen Unterschiede an – und auf die Herkunft. „Wir bekommen unseres von drei Bauern aus der Region", sagt Thomas Teigelkamp. Produkte aus dem Schlachthaus kauft der Küchenchef der *Alten Villa Ling* aus Prinzip nicht. Zum Glück bietet die unmittelbare Umgebung mittlerweile eine Vielzahl an Einkaufsquellen. Rinder der Sorten Charolais und Limousin werden am Niederrhein gezüchtet, die Zicklein bezieht Thomas Teigelkamp aus Kevelaer, und auch der Ziegenkäse wird vor Ort erworben. Die kurzen Wege sind für den Küchenchef der *Alten Villa* in Süchteln wichtig, aber vor allem der Geschmack geht ihm über alles. Kaum zu glauben, dass Teigelkamp gar kein geborener Niederrheiner ist, sondern aus dem Sauerland stammt. Nach der harten Lehre hatte er für einen Moment genug von der Gastronomie, bis er schließlich – nach einigen Monaten Auszeit und langem Nachdenken – doch beschloss, sein Leben dem Kochen zu widmen.

Teigelkamp ging nach London ins berühmte *Savoy* und arbeitete mit Heinz Winkler im Münchner *Tantris*, damals wie heute eine der ersten Adressen der deutschen Restaurantszene. Beste Voraussetzungen, um ein eigenes Haus zu führen: Die *Alte Villa* in Süchteln passte zu Teigelkamps Philosophie der klassischen, auf französischen Traditionen beruhenden Küche – und der Name des Gourmetrestaurants war auch schnell gefunden. Das *Josefine* wurde nach der aus Frankreich stammenden Gattin des Seidenwebers Wilhelm Ling benannt, des Erbauers der Villa. In Frankreich, genauer gesagt in der Normandie und in der Bretagne, verbringen Pia und Thomas Teigelkamp auch ihre Ferien, lassen sich von der dortigen Pâtisserie begeistern oder unternehmen ausgedehnte Marktbesuche. Von solchen kulinarischen Ausflügen bringen die Teigelkamps immer wieder neue Zutaten mit. Nordafrikanische oder asiatische Gewürze werden gezielt eingesetzt, ein toskanisches Mittelmeergemüse ergänzt vielleicht die Milch-

lammkeule. Die Dölker Holzäpfel, die er zu so manchem Dessert im Gourmetrestaurant oder in der Gaststube aufträgt, gibt es aber nicht zu kaufen, weder in Frankreich noch anderswo – die legt Teigelkamp selbst ein.

Und wenn doch mal ein paar Minuten freier Zeit bleiben, kümmert sich der Chef um Wein und edle Brände. Im alten Gewölbekeller, wo schon der Kommerzienrat Ling seine Schätze aufbewahrte, lagern Tausende von Flaschen aus Deutschland, Frankreich oder Italien, und die Anzahl der vorrätigen Calvadossorten ist legendär. Thomas Teigelkamp verkostet im Urlaub gern bei den besten Erzeugern und serviert seinen Gästen auch schon mal einen französischen Apfelbrand aus den Jahrgängen 1959 oder 1948. Und erzählt gern von den vielen Kochbüchern, die sich in seiner Sammlung befinden und in denen er nach Feierabend blättert. Ein Küchenchef mit Leidenschaft ist eben – beinah – rund um die Uhr für sein Restaurant und seine Gäste da.

HAGENBROICHER FRESSERKEN

mit Thunfisch und Baba Ghanoush

Zutaten für 4 Personen
300 g Kalbsfilet oder schierer Kalbsrücken
300 g Yellowfin-Thunfischfilet
Olivenöl
Frittieröl
schwarzer Pfeffer
Meersalz oder Fleur de Sel

Baba Ghanoush
4 große Auberginen
à ca. 300 – 400 g pro Stück
2 TL fein geschnittene rote englische Minze
1 ganz fein abgeriebene Zitronenschale
10 g fein gehackte Knoblauchzehe
½ rote Chilischote, fein gehackt
2 TL gemahlener Kreuzkümmel
2 TL geröstetes Sesamöl
1 gestrichener TL Salz
Olivenöl zum Würzen

Zubereitung

2 Auberginen schälen, kräftig würzen und im heißen Ofen mit Olivenöl weich backen, gern mit etwas Farbe für den Geschmack. Nach dem Garen mit einer Gabel zerdrücken und mit den restlichen Zutaten würzen, sobald das Mus (= Baba Ghanoush) nicht mehr ganz heiß ist.
Aus einer der beiden verbliebenen Auberginen 16 ca. 2 Millimeter dicke gleichmäßige Scheiben schneiden und in Olivenöl braun braten. Die im vorigen Arbeitsschritt entstandenen Auberginenschalen in feine Streifen (Juliennes)

schneiden und sorgfältig knusprig frittieren. Sofort salzen und abtropfen lassen.
Die letzte Aubergine in Längsrichtung in möglichst dünne Scheiben schneiden (etwa die Stärke von rohem Schinken). Daraus eine Matte in Längsrichtung herstellen.
Thunfisch und Kalb in gleich dicke, längliche Stücke schneiden, nebeneinander legen, mit

schwarzem Pfeffer und Meersalz würzen und stramm in die Auberginenmatte einrollen, je nach Stärke der Matte auch doppelt. In Olivenöl braun braten und im Ofen bei Niedrigtemperatur auf einem Rost gar ziehen lassen. Dazu passen kleine Rosmarinkartoffeln oder auch kleine frittierte Falafel.

BUDINO DI RICOTTA

mit Kräuter-Zabaione und Dölker Holzäpfeln

Zutaten für 4 Personen
200 g Ricotta
2 Eigelb
50 g Zucker
2 Eiweiß
30 g Zucker
100 ml Milch
25 g Hartweizengrieß
1 Prise Zimt
1 Prise Kardamom
Mark von ½ Stange Vanille
etwas Limonenschale
1 EL gehackte Rosinen
1 EL Orangeat
1 EL Orangenschnaps

Zabaione
100 ml süßer Marsala
4 Eigelb
70 g Zucker
fein gehackte Kräuter
(Eisenkraut, Melisse, Salbei, Zitronenthymian, Waldmeister,
Holunderblüte)

Dölker Holzäpfel
1 kg Holzäpfel
1 kg Zucker
500 ml Wasser
400 ml Tiroler Apfelbrand oder Calvados

Zubereitung
Für die Holzäpfel aus Zucker und Wasser einen Sirup bei 108° C
kochen. Äpfel ca. 10 Minuten darin köcheln lassen. Zuletzt den
Brand hinzufügen, nicht mehr kochen lassen. Heiß in Gläser
abfüllen und verschließen.
Aus Milch und Grieß einen Brei kochen und die restlichen
Zutaten (Zimt bis Orangenschnaps) unterrühren. Ricotta mit
Eigelben und Zucker glatt rühren. Aus Eiweiß und Zucker einen
cremigen Eischnee herstellen. Grießbrei und Ricotta miteinander
vermengen und glatt rühren, den Eischnee unterheben. In
gebutterte und gezuckerte Portionsförmchen füllen und im
Wasserbad im Ofen so garen, dass wie bei einem Soufflé eine
leichte Bräune entsteht.
Aus Marsala, Eigelben und Zucker eine Zabaione schlagen, zum
Schluss die fein gehackten Kräuter unterheben.

Thomas Teigelkamp

Als Frank Veikes vor vielen Jahren vorüber-
radelte am *Haus Bey*, da gab es hier noch
keinen Gasthof und keinen Golfclub. Der
einstige Rittersitz aus dem 17. Jahrhundert
befand sich – wie auch heute noch – im Besitz
der Grafen von Schaesberg, und die Umgebung wurde landwirtschaftlich genutzt. Heute
ist das herausgeputzte Schlösschen gemeinsam
mit Schloss Krickenbeck eine der Stein gewordenen Attraktionen rund um die Krickenbecker
Seenplatte. Dass der gebürtige Kaldenkirchener
Frank Veikes inzwischen als Geschäftsführer
zuständig ist für das großzügige Anwesen,
kann man sogar als Schicksal betrachten. Den
Beruf des Kochs hatte er schließlich bereits als
Jugendlicher im Blick, stieß aber zunächst auf
Schwierigkeiten. „Da, wo ich meine Lehre
machen wollte, klappte es nicht", erinnert sich
der heutige Pächter des Restaurants *Haus Bey*.
Also folgte erst einmal eine Bäckerlehre, an
welche sich dann aber doch die Ausbildung
zum Koch anschloss. „Das hat mir schon
etwas gebracht – ich weiß jetzt zum Beispiel,
wie man richtig gutes Brot backt." Wie man
niederrheinischen Spargel zubereitet und wie

sich Fleisch braten lässt, dass es hinterher
nicht zäh, sondern saftig auf dem Teller landet,
erfuhr Veikes dann in Lehre Nr. 2.
Der heute 40-Jährige nutzt die Vorzüge des
herausgeputzten Schlösschens und weiß mit
den Einschränkungen zu leben, die das alte
Bauwerk ihm auferlegt. Es ist schließlich nicht
als Restaurant konzipiert worden – die Küche
befindet sich im Keller, und alle Mitarbeiter
müssen mit beengten Raumverhältnissen klar-
kommen. Dafür können sich die Gäste
ausbreiten, zum Dinner zu zweit oder zu einer
Hochzeitsfeier (der Standesbeamte kommt
sogar persönlich für alle Ja-Wort-Formalitäten
im Schloss vorbei). Apéro im Garten vor dem
Schloss, Fünf-Gang-Menü am romantisch
eingedeckten Tisch unten oder in einem der
für Gesellschaften zu buchenden Räume oben.
Nebenan, im Restaurant des Golfclubs, geht
es großzügiger zu, allerdings nicht weniger
erlesen. Frank Veikes verbindet heimische Produkte wie Spargel, Ziegenkäse, die niederrheinischen Beeren und die hiesigen Kartoffeln
mit allem, was er an Köstlichkeiten auf dem
Großmarkt oder bei ausgesuchten Lieferanten

beziehen kann. US-Beef und frischer Zander,
ein wenig klassische Küche und ein deutlich
mediterraner Einschlag, dass die Qualität
stimmt, ist für Veikes nicht nur ein geschäftliches,
sondern auch ein höchstpersönliches Anliegen.
Schließlich will einer, der fast nebenan aufgewachsen ist, sich in seiner Heimat nicht im
Geringsten blamieren.

JUMBOGARNELE
mit Spargelravioli

Zutaten für 4 Personen

Nudelteig

200 g Mehl

50 g Hartweizengrieß

2 Eier

1 TL Olivenöl

1 Prise Salz

Spargelravioli

100 g grüner Spargel

20 g Butter

50 ml Geflügelfond

100 g Ricotta

1 Eigelb

Salz, Pfeffer, Zitronensaft

Außerdem

200 g grüner Spargel

100 g Kirschtomaten

20 g geröstete Pinienkerne

4 Jumbogarnelen

2 Knoblauchzehen

Zitronensaft

Pflanzenöl und Butter zum Braten

Zubereitung

Die Zutaten für den Nudelteig auf der Arbeitsfläche zu einem Teig kneten, danach in Klarsichtfolie für einige Zeit im Kühlschrank ruhen lassen. Für die Spargelravioli den Spargel schälen und in kleine Würfel schneiden. Die Würfel mit der Butter anschwitzen, mit Geflügelfond ablöschen und weich kochen lassen. Nachdem der Spargel etwas ausgekühlt ist, Ricotta und Eigelb untermischen, mit Salz, Pfeffer und Zitronensaft abschmecken. Den Nudelteig mit einer Nudelmaschine dünn ausrollen. Mit einem runden Ausstecher Teigplatten ausstechen. Einen Esslöffel von der Masse darauf geben. Die Ränder mit Eigelb bestreichen, mit einer Teigplatte bedecken und festdrücken. Die Ravioli in leicht kochendem Salzwasser ca. 2 Minuten gar ziehen lassen.

Die Garnelen pulen und den Darm entfernen. Spargel schälen und in Streifen schneiden. Den Spargel in Öl anbraten. Knoblauch, Kirschtomaten und Pinienkerne zugeben. Mit Salz und Pfeffer abschmecken. Die Garnelen mit Salz und Pfeffer würzen, anbraten und mit Knoblauch, Zitronensaft und etwas Butter abschmecken.

RINDERFILET „SAVOY"
vom US-Rind

Zutaten für 4 Personen
4 Rinderfiletmedaillons zu je 180 g

Pommes Anna
750 g Kartoffeln
50 g Butter
Salz

Ratatouille
1 rote Paprika
1 gelbe Paprika
1 Zucchini
1 Aubergine
1 Zwiebel
1 Knoblauchzehe
50 g Tomatenmark
Rosmarin, Thymian, Salz, Pfeffer
Öl zum Braten

Beurre blanc
5 Schalotten
3 Thymianzweige, 1 Lorbeerblatt
1 Nelke, Piment, Senfsaat
300 ml trockener Weißwein
200 ml Fleischbrühe
150 ml Sahne
200 g Butter
Salz, Pfeffer
Kerbelkraut zum Garnieren

Zubereitung
Für die Pommes Anna die geschälten Kartoffeln in 3 Millimeter dicke Scheiben schneiden und mit 3 Zentimeter Durchmesser rund ausstechen. Die Scheiben salzen und in eine gebutterte Form schichten. (Die Form sollte einen größeren Durchmesser als die Medaillons haben.) Bei 180° C ca. 20 Minuten goldbraun backen.
Für das Ratatouille Gemüse und Zwiebel würfeln. Zuerst die Zwiebel und den gehackten Knoblauch mit dem Paprika in Öl anschwitzen, danach die Zucchini und zum Schluss die Aubergine hineingeben. Solange das Gemüse noch bissfest ist, das Tomatenmark unterrühren. Thymian und Rosmarin von den Stielen zupfen, fein hacken und zum Ratatouille dazugeben. Mit Salz und Pfeffer abschmecken.
Für die Beurre blanc die geschälten und gewürfelten Schalotten in etwas Butter farblos anschwitzen, die Gewürze dazugeben, mit dem Weißwein ablöschen und auf etwa ein Drittel einkochen lassen. Mit der Brühe aufgießen und nochmals die

Flüssigkeitsmenge auf die Hälfte reduzieren. Die Sahne dazugeben, aufkochen lassen, die Soße vom Herd nehmen und mit kalter Butter montieren. Mit Salz und Pfeffer abschmecken.
Die Medaillons würzen und in etwas Öl scharf anbraten. Bei 80° C im Backofen ca. 40 Minuten garen. Kurz vor dem Anrichten die Temperatur für 5 Minuten auf 180° C erhöhen.
Die Pommes Anna in die Mitte auf einen runden Teller geben, darauf das Rinderfilet setzen. Mit drei Ratatouille-Nocken, der Sauce und dem Kerbel ausgarnieren.

Frank Veikes

Ernst-Willi Franken ist ein Niederrheiner, wie er im Buche steht. Einer, der mit Leidenschaft Gäste bewirtet, inmitten des Naturparks Maas-Schwalm-Nette. Sein *Sonneck* hat Franken während vieler Jahre zu einem Bilderbuch-Restaurant ausgebaut, und nichts liegt dem gebürtigen Hinsbecker mehr am Herzen, als sich für die lokalen Rezepte und die Produkte der Region ins Zeug zu legen. Eine bemerkenswerte Eigenschaft, aber doch eigentlich eine Selbstverständlichkeit für einen Gastronomen, dessen Familie schon seit anderthalb Jahrhunderten aktiv ist am Niederrhein. Seit Mitte des 19. Jahrhunderts führen die Frankens den Gasthof *Sonneck*, der einst eine einfache Schänke war, sich aber längst zu einem Restaurant entwickelt hat, das Besonderes bietet, ohne das an die große Glocke zu hängen.

Immer wieder finden sich modern interpretierte regionale Gerichte unter den Kreationen auf der Karte. Ob es ein alter Bauernkäse ist, den Servicechefin Birgit Franken mit Rüben-

kraut serviert, ob es ein nur dezent gesüßtes Erdbeercarpaccio ist, das man hier mit gebratenem Ziegenkäse kredenzt, oder ob es die geschmorten Rinderbäckchen sind, zu denen Ernst-Willi Franken auf die niederrheinischste aller Arten Spitzkohl und Drillinge (kleine Kartoffeln) reicht: Wenn andere nur über Regionalität sprechen, ist diese im *Sonneck* Realität. Hausgemacht ist übrigens auch die Eisbeinsülze, und wenn man je die Chance hat, gebratene Wildleber zu bekommen, dann hier: Der Chef verfügt über beste Kontakte zu den heimischen Jägern.

Was nicht bedeutet, dass der Gastronom, der die Gasträume nur behutsam hat renovieren lassen, aber hinter dem Gasthaus eine der schönsten Terrassen an den Krickenbecker Seen geschaffen hat, ganz auf Zutaten aus anderen Gegenden Deutschlands oder der Welt verzichten würde: Mediterrane Gewürze oder hausgemachte Pasta sind eine Leidenschaft des Chefs. Genau so wie die etwas anderen Eier, die im *Restaurant Sonneck* immer

mal wieder bei der Zubereitung spannender Speisen verwendet werden. Als einer der wenigen Köche am Niederrhein ist Ernst-Willi Franken Mitglied des Vereins „Genussregion Niederrhein" und engagiert sich ganz besonders für die kulinarischen Traditionen der Region und fast in Vergessenheit geratene Rezepturen. Das Ei der Gans, das im Vergleich zum Hühnerei deutlich größer ist und auch eine deutlich längere Garzeit erfordert, serviert man im *Sonneck* beispielsweise als Beilage zum heimischen Spargel – oder als Gänseeierlikör für die, die ein reguläres Dessert nicht mehr schaffen oder die zum Kaffee keinen normalen Obstbrand oder Cognac schlürfen wollen. Zum Abschluss eines Sonneck-Mahles erzählt der Patron seinen Gästen auch gern, was es mit dem Weg der Gänseeier durch die Region auf sich hat – und was man noch so alles zubereiten kann mit den speziellen Eiern vom Niederrhein.

Ernst-Willi Franken

ERDBEERCARPACCIO

mit gebratenem Ziegenfrischkäse

Zutaten für 4 Personen

600 g Erdbeeren
300 g Ziegenfrischkäse
1 Bund Rucola
Salz
Pfeffer
Cassisessig
Olivenöl
Zucker
Oliventapenade, schwarz
Mehl

Zubereitung

500 Gramm gewaschene Erdbeeren in Scheiben schneiden, dekorativ auf einen Teller auflegen. Die restlichen Erdbeeren in feine Streifen schneiden, mit Cassisessig, Olivenöl, Salz, Pfeffer, Zucker und Oliventapenade abschmecken. Rucola unterheben. Die aufgelegten Erdbeeren damit bestreichen.
Ziegenkäse in Mehl wenden, in einer Pfanne mit Olivenöl goldgelb braten und auf die Erdbeeren legen. Sofort servieren.

SPARGEL IN SPINATSOSSE

mit niederrheinischem Gänseei

Zutaten für 4 Personen
4 Gänseeier
2 kg Spargel
Salz, Zucker
1 Stich Butter
200 g Spinat
weißer Pfeffer
Muskatnuss
2 Schalotten
50 g Butter
125 ml Sahne
125 ml Vollmilch
2 Eigelb

Zubereitung

Die Gänseeier 19 Minuten kochen. Den Spargel schälen, in siedendem Wasser mit Salz, Zucker und Butter 15 – 20 Minuten ziehen lassen. Den Spinat putzen, waschen, blanchieren und in Eiswasser abschrecken. Anschließend die Spinatblätter abtropfen lassen und in Streifen schneiden.
Die fein gehackten Schalotten in Butter glasig dünsten, Milch und Sahne zufügen und alles auf die Hälfte reduzieren lassen. Dann den Spinat zugeben, erhitzen, mit Salz, Pfeffer und geriebener Muskatnuss abschmecken.
Eigelb mit etwas Sahne anrühren und vorsichtig in die Spinatsoße geben, nicht mehr kochen lassen, damit das Eigelb nicht gerinnt.
Die Gänseeier pellen, halbieren oder vierteln und zum fertigen Spargel auf den Teller legen. Mit der Soße nappieren.
Als Beilage eignen sich Kartoffeln.

Ernst-Willi Franken

Klassische niederrheinische Küche hat mit Hamburger Kochkunst ziemlich wenig zu tun. Bodenständige Ackergerichte auf der einen Seite, viel Fisch und Einflüsse aus aller Welt auf der anderen. Kein Mensch käme wohl auf die Idee, beides miteinander zu verbinden. Kein Mensch außer Stefan Schlösser. „Ich war lange in Hamburg tätig", sagt der gebürtige Krefelder. Im *Fischereihafen Restaurant*, einer der bekanntesten Adressen der Hanse-Metropole, lernte er Atlantikfische, Schalen- und Krustentiere im denkbar frischesten Zustand kennen und zu verarbeiten. Doch Hamburg war noch nicht das Ende der beruflichen Reise; den letzten Schliff und Einblicke in die asiatischen Küchen holte sich Stefan Schlösser in der britischen Hauptstadt. „London ist fantastisch", erinnert sich der neugierige Koch, der anschließend die Gelegenheit bekam, in seiner Heimat den traditionsreichen Gasthof *Korff* zu übernehmen. Der weit gereiste

Krefelder war zurück am Niederrhein und zunächst einmal ausgelastet mit der Renovierung des denkmalgeschützten ehemaligen Zollhofs. Von außen ist der *Korff* immer noch das, was er seit vielen Jahrzehnten war – nur innen wurde vieles auf den Kopf gestellt: moderne Küche, elegante Gasträume und eine großzügige Terrasse hinterm Haus. Aus dem alten Gasthof wurde im Laufe der letzten Jahre ein Restaurant, das sich den Herausforderungen zeitgenössischer Gastronomie zu stellen weiß. Der Küche des Stefan Schlösser merkt man an, dass sie nicht am Reißbrett entworfen, sondern auf der Grundlage jahrelanger Erfahrungen zusammengestellt wurde. „Es gibt viele internationale Einflüsse", berichtet Stefan Schlösser, z. B. asiatische Gewürze, Dim Sum oder die aus Irland oder der Schweiz importierten Steaks (eine eigene Steak-Karte erlaubt es, höchste Fleischqualität, verschiedene Cuts und diverse Saucen zu kombinieren). Aber auch

Regionales wird geboten – vom Rübstielgemüse (niederrheinisch) bis zum berühmten Seemannsgericht „Labskaus", dessen Rezept Schlösser aus Hamburg mitgebracht hat. „Die Leute wollen Qualität haben", sagt der Chef, „aber zu ausgefallen soll es bei uns auch nicht zugehen." Doch halt: Ausgefallen ist es ja doch, zumindest dann, wenn man nicht im normalen Gastraum, sondern gleich in der Küche reserviert. Maximal vier Personen dürfen am „Chef's Table" sitzen und dem Patron im wahrsten Sinne des Wortes über die Schulter schauen. Zu verbergen gibt es, das stellen die Neugierigen rasch fest, im *Korff* nicht das Geringste – zu bestaunen aber eine ganze Menge.

DIM SUM
im Reismantel

Zutaten für 4 Personen

120 g Klebreis
600 g mageres Schweinefleisch
40 g rote thailändische Zwiebel, fein gewürfelt
1 Knoblauchzehe, fein gehackt
1 EL Pflanzenöl
1 TL Palmzucker
1 EL frischer Koriander, gehackt
3 EL helle Sojasauce
1 Eiweiß
Salz

Zubereitung

Den Reis in einem Sieb unter fließendem Wasser waschen und über Nacht in Wasser einweichen. Abschütten und gründlich abtropfen lassen. Das Fleisch sehr fein hacken. Zwiebeln und Knoblauch in einer Pfanne glasig dünsten, mit Palmzucker bestreuen und abkühlen lassen. Danach die Masse mit Koriander, Sojasauce, Eiweiß und Salz unter das Hackfleisch mischen. Daraus mit angefeuchteten Händen Bällchen formen (nicht zu groß). Die Bällchen im Reis wälzen, bis sie komplett bedeckt sind. Den Boden eines Bambuskorbes mit Öl bestreichen und die Bällchen mit Abstand hineinlegen. Mit dem Deckel verschließen und in einen mit 1/3 Wasser gefüllten Wok setzen und in 20 – 25 Minuten garen.

Stefan Schlösser

MAISHÄHNCHENBRUST

im Parmaschinkenmantel
mit Riesengarnele, Avocado
und Tomatenrisotto

Zutaten für 4 Personen

4 Maishähnchenbrüste
8 Scheiben Parmaschinken
½ Zitrone
1 Zweig Rosmarin
8 Riesengarnelen, ohne Schale und entdarmt
2 Avocados
Olivenöl

Tomatenrisotto

400 g Arborio-Reis
2 l Hühnerbrühe
2 EL Olivenöl
2 Schalotten, fein gehackt
125 ml Weißwein
90 g geriebener Parmesan
2 EL Tomatenmark
2 Tomaten, entkernt und gewürfelt

Zubereitung

In die Maishähnchenbrüste von der dickeren Seite
aus eine Tasche einschneiden und jeweils 1 Garnele
einstecken. Dann würzen und mit Zugabe von Rosmarin von jeder Seite ca. 5 Minuten in einer Pfanne
braten. Nach dem ersten Wenden die restlichen
4 Riesengarnelen dazugeben und mitbraten.
Avocados schälen, halbieren, Kern entfernen und in
8 Scheiben schneiden. Diese dann bei geringer Hitze
mit Olivenöl in einer Pfanne vorsichtig anschwenken.
Mit Zitrone, Salz und Pfeffer würzen. Vor dem Servieren je 2 Scheiben Parmaschinken um die Maishähnchenbrust wickeln.
Die Schalotten in einem Topf mit dem Olivenöl
glasig dünsten, Reis und dann das Tomatenmark
dazugeben und 2 – 3 Minuten unter Rühren andünsten. Den Wein dazugießen und fast vollständig
einkochen lassen. Bei mittlerer Hitze ¼ l Brühe
schöpflöffelweise zugießen. Sobald der Reis die
Flüssigkeit fast vollständig aufgesogen hat, erneut
Brühe zugießen. Den Vorgang ca. 20 – 25 Minuten
lang wiederholen, bis der Reis gar ist und ggf. mit
Salz abschmecken. Vor dem Servieren Parmesan und
Tomatenwürfel dazugeben.

Es gibt Fernsehköche und andere. Solche, die lieber im Mittelpunkt des Geschehens stehen und in die Kamera lächeln und jene, die sich in der Küche am wohlsten fühlen und erst dann zufrieden sind, wenn sie die perfekten Speisen „geschickt" haben, wenn sich die Gäste entspannt und selig lächelnd zurücklehnen. Yves Chopelin gehört eher zur zweiten Kategorie der Köche, und er stellt die konsequente Arbeit am Herd über alles.

Diese Arbeitseinstellung muss wohl etwas mit seinem Werdegang zu tun haben. Der vor 61 Jahren nahe Chartres geborene Franzose arbeitete nach der Lehre dort, wo man am meisten lernen kann: in einem der berühmtesten Fischrestaurants von Paris, dem auch heute noch legendären *Prunier*. Es folgten Stationen als Sous-Chef und Küchenchef in Frankreich, bevor Chopelin erstmals die

Grenzen überschritt und an den Rhein zog. In den *Walliser Stuben*, einst die beste Adresse von Düsseldorf, sorgte Chopelin als Chef de Cuisine dafür, dass zwei Michelinsterne über dem Restaurant und der Stadt leuchteten. Es dauerte allerdings nicht lange, bis Chopelin in Krefeld einzog und die Stadt nicht mehr verließ. Ob im *Restaurant Korff*, im *St. Urbanshof* oder seit fast zehn Jahren im *Casino* am Rhein: Yves Chopelin ist längst ebenso sehr Niederrheiner wie Franzose. Und denkt im Übrigen nicht daran, in Pension zu gehen: *Chopelin im Casino* ist schließlich ein Familienbetrieb, der Ehefrau und Weinkennerin Anita ebenso einbindet wie Sohn Bastien, der nach mehreren Stationen in der französischen Spitzengastronomie inzwischen den Service verantwortet. Wer nun denkt, im Bistro oder im eleganten Restaurant, in den großzügigen Banketträumen oder auf der Rheinterrasse serviere man aus-

schließlich klassisch französische Speisen, sieht sich getäuscht. Yves Chopelin kombiniert geschickt regionale und mediterrane Zutaten, nimmt Traditionen der Grande Cuisine auf und lässt da und dort auch modernste Ideen einfließen. Lachs-Millefeuille mit Spargel–Aprikosen-Salat. Ein Blutwurststrudel mit Apfelkompott und Senfkörnersauce als regionales Augenzwinkern. Und warum nicht als Dessert Tomaten und Banane in Texturen?

Wer allerdings einfach frischen Loup de Mer auf provenzalische Art bestellt, macht garantiert alles richtig – den Umgang mit zartem Fisch hat Yves Chopelin schließlich von der Pike auf gelernt. Mit solcher Kunstfertigkeit könnte er den meisten Fernsehköchen noch etwas beibringen.

TRILOGIE VOM LAMM
mit Kräuterjus

Zutaten für 4 Personen
200 g Lammhüfte
300 g Lammcarré
300 g ausgelöste Lammschulter
150 g Kenia-Böhnchen
200 g Provencegemüse (rote und
gelbe Paprika, Aubergine und Zucchini)
2 EL Pinienkerne
Zwiebeln, Knoblauch
200 ml Lammjus
Rosmarin, Thymian und Salbei
250 g Gemüse-Couscous
Salz, Pfeffer
Olivenöl zum Braten

Zubereitung
Lammschulter salzen und pfeffern und zu einer Roulade rollen. Von allen Seiten anbraten, in den Ofen schieben und garen, bis das Fleisch weich ist. Carré und Hüfte salzen, pfeffern, scharf in Olivenöl anbraten und im Ofen bei ca. 120° C ca. 20 Minuten garen, das Fleisch muss innen rosa bleiben.
Kenia-Bohnen in Salzwasser garen und in eiskaltem Wasser abschrecken. Provencegemüse und Zwiebeln in mittelgroße Würfel schneiden, Knoblauch fein hacken. Gemüse mit Olivenöl, je einem Thymian- und Rosmarinzweig andünsten, Knoblauch zugeben, solange dünsten und rühren, bis die Gemüse gar sind und eine leicht cremige Konsistenz erreicht ist. Abschmecken und die ohne Fett leicht angebräunten Pinienkerne zugeben. Restliche Kräuter in Olivenöl andünsten, mit Lammjus auffüllen, reduzieren lassen, salzen, pfeffern und passieren. Zum Anrichten Fleisch in Scheiben schneiden. Pro Person zwei Lammkoteletts, eine Scheibe Roulade und eine Scheibe Hüfte anrichten. Bohnen kurz in Olivenöl schwenken, Couscous anrichten. Mit der Jus servieren.

LOUP DE MER PROVENÇAL

auf Pestoschaum mit Oliven-Polenta, Artischocken und Dicken Bohnen

Zutaten für 4 Personen

4 Filets vom Loup de Mer à ca. 150 g mit Haut
4 Artischockenböden
4 EL Kerne von Dicken Bohnen
2 getrocknete Tomaten
4 schwarze Oliven
100 g Polentagrieß
2 EL Basilikumpesto
100 ml Fischfond
Salz, Pfeffer
Olivenöl zum Braten

Zubereitung

Aus Polentagrieß und Wasser sowie etwas Salz
eine Polenta zubereiten, zum Schluss die klein
gehackten schwarzen Oliven einrühren. Noch
heiß in einer Form flach ausstreichen und abkühlen lassen. Artischockenböden in Salzwasser
so lange garen, bis sie durch, aber noch bissfest sind. Die Bohnenkerne in wenig Wasser
mit Salz gar dünsten (auch sie müssen noch
bissfest sein), zum Schluss die fein gehackten
getrockneten Tomaten zugeben. Fischfond
aufkochen, leicht reduzieren lassen, Pesto
zugeben und aufschäumen.
Fischfilet zunächst auf der Hautseite in
Olivenöl anbraten, wenden und fertig garen.
Salzen und pfeffern. Die Polenta in Rechtecke
schneiden und auf allen Seiten anbraten.
Bohnenkerne in die Artischocken füllen, Fisch
anrichten und Pestoschaum auf die Teller
geben. Gegebenenfalls mit weiteren Gemüsen
(gedünstete Tomaten, Staudensellerie)
servieren.

Yves Chopelin

Wenn einer weiß, wie ein richtig gut gemachter Flammkuchen schmeckt, ein perfektes Sauerkraut mit Würsten und Schweinsfuß oder ein Fleischeintopf namens „Backeoffe", dann Richard Roesch. Schließlich hat der gebürtige Elsässer all das schon als Kind zu essen bekommen, damals in Schiltigheim bei Strasbourg. Doch zu behaupten, im *Kaffeehaus Schmitz* werde streng nach elsässischen oder französischen Traditionen gearbeitet, wäre dann doch grundfalsch. Der Patron kocht lieber nach Lust und Laune und Marktlage – immer mit einem Augenzwinkern, stets mit einer Portion Understatement. Den Namen des Restaurants etwa, den will er gar nicht ändern – ein „Restaurant Richard Roesch" dürfte es auf absehbare Zeit nicht geben. Lieber bleibt der Franzose, der seinen Wehrdienst in Deutschland ableistete und der Liebe wegen hier blieb, beim alten, eingeführten Namen *Kaffeehaus Schmitz*. Stimmt zwar nicht mehr wirklich – nachmittägliches Kuchenessen wird lediglich für Gesellschaften offeriert –, ist aber den alteingesessenen Krefeldern ein Begriff.

Im Sommer geht es hier mediterran und leicht zu, im Herbst und Winter ein wenig deftiger. Täglich notiert Richard Roesch an den Tafeln, was er an Neuem und Bewährtem zubereitet hat. Die frische Artischocke mit dreierlei Dips, das Entrecôte mit Pfifferlingen (natürlich bloß in der Pilzsaison) oder ein halb gebratenes, unglaublich saftiges Lachsfilet mit Spargelsalat. Wenn es ihm und seinen Gästen zupass kommt, bedient sich der Patron gern bei den Traditionen der italienischen Küche (Ravioli und Agnolotti mit Gorgonzola) oder serviert ein Kotelett vom Ibericoschwein, wie es in Spanien nicht authentischer zubereitet werden könnte. Und wenn es doch niederrheinisch sein soll? „Wir bieten gern Wildschafe an", erzählt Roesch. Gezüchtet am Niederrhein nach strengen Qualitätsprinzipien und ohne Antibiotika. „Die Tiere grasen auf der Weide, bis sie geschlachtet werden." Was nicht nur unter gesundheitlichen und tierschützerischen

Gesichtspunkten erfreulich ist, sondern sich auch am Geschmack messen lässt. Immer ist das ganz besondere heimische Fleisch leider nicht zu haben, Spitzenprodukte wie dieses sind stets nur in kleinen Mengen erhältlich. Die Weine, die zum Essen passen sollen, werden im Kaffeehaus nicht wie anderswo zwischen dicken Buchdeckeln versteckt, sondern ebenfalls auf der Tafel notiert. Deutsche Rieslinge und Weißburgunder, kräftige Rote aus Italien oder Spanien, aber immer mal wieder ein Elsässer, denn seiner Heimat ist Richard Roesch nach wie vor verbunden. „Hin und wieder fahre ich noch nach Schiltigheim", sagt der Ehren-Krefelder. Um Flammkuchen oder Sauerkraut zu essen, um einen Muscat oder Gewürztraminer zu verkosten. Den einen oder anderen Wein oder den französischen Rohmilchkäse, für den das *Kaffeehaus Schmitz* längst bekannt ist, bringt er von solchen Touren gern mit in die neue Heimat.

WILDSCHAFRÜCKEN
mit Bohnen

Zutaten für 4 Personen

1 Wildschafrücken
400 g Wachsbohnen
400 g Stangenbohnen
80 g Kerne von dicken Bohnen
Bohnenkraut
Thymian
Rosmarin
Meersalz, Pfeffer
Butter
2 Schalotten

Zubereitung

Den Wildschafrücken vom Metzger des Vertrauens längs sägen lassen und von der Silberhaut befreien, die Rippenknochen blank putzen. Bohnenkraut, Thymian und Rosmarin hacken und das Fleisch damit belegen. Den Rücken nun scharf anbraten und im Backofen bei 130° C je nach gewünschtem Garpunkt zwischen 25 und 35 Minuten ziehen und anschließend ruhen lassen.

Die Bohnen in kräftig gesalzenem Wasser knackig kochen (die Wachsbohnen haben eine längere Garzeit als die Stangenbohnen). Gehackte Schalotten und etwas Bohnenkraut in Butter glasig werden lassen, beide Bohnensorten und die Bohnenkerne kurz in der Butter schwenken.

Den Schafrücken zwischen den Knochen aufschneiden und servieren.

WEISSER PFIRSICH
mit Salbei und Mascarpone

Zutaten für 2 Personen

2 weiße Pfirsiche
150 g Mascarpone
100 g Schlagsahne
1 Limone
40 g Honig
20 g Butter
Salbei
Zitronenverbene

Zubereitung

Saft der Limone, 2 Salbeiblätter und
2 Verbenenblätter im Mixer oder im Blender
verquirlen, mit dem Mascarpone und dem
Honig glatt rühren. Aufgeschlagene
Schlagsahne unterheben und kühl stellen.
Den Pfirsich blanchieren und den Stein
entfernen, in etwas Butter mit Honig und
Verbenenblättern in einem Topf bei mittlerer
Temperatur karamellisieren lassen.

| Richard Roesch

Kaffeehaus Schmitz • Krefeld

Gut Heyenbaum ist nicht einfach ein Restaurant. Das Verberger Landgut, das vor 37 Jahren in ein Restaurant umgewandelt wurde, hat sich längst zu einer Institution in Krefeld und für die Krefelder entwickelt. Mittlerweile kehren hier schon die Kinder und Enkel der ersten Stammgäste ein, buchen eine Hochzeitsfeier oder reservieren einen Tisch für den nächsten Geburtstag. Hans Lichtenberg, Gründer des Restaurants, erfahrener Gastronom und leidenschaftlicher Golfspieler, hat den Betrieb groß und erfolgreich gemacht. Am Anfang gab es vor allem rustikale Gerichte wie Heringsstipp und Schnibbelskuchen, inzwischen beherrscht das Team in der Küche längst die ganze Bandbreite von der bürgerlichen bis zur modernen Kreativküche. Team, das bedeutet im Falle von Gut Heyenbaum: sieben Köche,

davon zwei Küchenchefs. Auch wenn der eine mal seinen freien Tag oder Urlaub hat, soll die Qualität die gleiche, die Kontinuität gewahrt bleiben. Thorsten Friedrichs und Thomas Scholz teilen sich also die Verantwortung schon seit vielen Jahren, und einer von beiden ist immer zur Stelle, wenn die Vorbereitung fürs Abendgeschäft oder die Mise en place für eine der vielen Gesellschaften gefordert ist. Doch egal, wer gerade Dienst hat am Herd: Allzu Konstruiertes ist nicht der Stil des Hauses, Menüs mit regionalem Akzent werden bevorzugt von den Köchen und den vielen Stammgästen. Erdbeeren und Kirschen werden direkt vom Feld gekauft, und von der niederrheinischen Spargelsaison lassen sich die Küchenchefs immer wieder aufs Neue inspirieren. Es sind also nicht nur die Kutschen (sie stehen

im Kutschenmuseum, das auch für Veranstaltungen eingedeckt wird), die alten Mauern oder der idyllische Innenhof, die unverwechselbar zum Gut Heyenbaum gehören. Wer genau hinschaut, entdeckt an den Wänden der Gasträume alte Fotos und Menükarten, die unzweifelhaft beweisen, dass bereits vor mehr als 20 Jahren Starköche wie Eckart Witzigmann auf ein Gastspiel vorbeischauten. Vermutlich war der berühmte Österreicher, der als erster in Deutschland die drei Sterne des Guide Michelin für ein Restaurant ergatterte, vom Krefelder Gut begeistert. In einem Anwesen zu kochen, das bereits im Jahr 1600 erstmals urkundlich erwähnt wird, ist auch für einen Drei-Sterne-Koch nicht selbstverständlich.

Thorsten Friedrichs und Thomas Scholz

GEBRATENE JAKOBSMUSCHELN
mit Chorizo, Melone und Brunnenkresse

Zutaten für 4 Personen

12 frische Jakobsmuscheln in der Schale
12 Scheiben Chorizowurst, klein
12 Melonenspalten
12 Kirschtomaten
Salz und Pfeffer aus der Mühle

Salat

1 Bund Brunnenkresse
Salatspitzen von Rucola, Frisée und
Pousse de blette (Mangold)
4 EL kalt gepresstes Olivenöl
2 Spritzer Aceto Balsamico
Salz und Pfeffer aus der Mühle
1 Prise Zucker

Fisch-Weißwein-Sauce

250 ml Fischfond
100 ml trockener Weißwein
75 ml Sahne (30 % Fettgehalt)
10 g Crème fraîche
10 g Butter
½ Zitrone,
Salz und Pfeffer
etwas Brunnenkresse
6 Scheiben Chorizo

Zubereitung

Die Jakobsmuscheln mit einem nicht zu
scharfen, aber robusten Messer öffnen. Mit
dem Messer auf der flachen Seite der Muschel
durch einen Schnitt nach vorn den Schließ-
muskel öffnen, man kann dann das Fleisch
problemlos herausschneiden. Das Muschel-
fleisch in kaltem Wasser säubern, mit Küchenkrepp trocknen und kaltstellen.
Die Zutaten der Sauce zusammen aufkochen
und etwa um ein Drittel reduzieren. Die eine
Hälfte der Sauce mit Brunnenkresse pürieren
und passieren. Die andere Hälfte der Sauce mit
Chorizo noch mal 2 – 3 Minuten aufkochen.
Die Muscheln mit Salz und Pfeffer würzen und
im heißen Olivenöl etwas 2 – 3 Minuten von
beiden Seiten saftig braten. Chorizo, Melone
und Kirschtomaten ebenfalls kurz anbraten.
Den gewaschenen Salat mit Essig und Öl
marinieren, würzen und dann anrichten.

Gut Heyenbaum • Krefeld

GETRÜFFELTER KALBSBRATEN

mit zweierlei Spargel und Kartoffelpüree

Zutaten für 4 Personen

1 kg Kalbssemmerrolle
1 dicke Möhre
1 Stück Sellerieknolle (100 g)
4 Schalotten
500 ml Kalbsfond
20 ml Trüffelöl
30 g Tomatenmark
200 ml kräftiger Rotwein
Salz und Pfeffer aus der Mühle
Lorbeerblatt,
Rosmarin und Thymianzweig
3 EL Sonnenblumenöl

Spargel

8 Stangenspargel

Kartoffelpüree

800 g Kartoffeln
40 g Butter
125 ml Sahne
Salz und Pfeffer aus der Mühle,
Muskatnuss

Zubereitung

Möhre, Sellerie, Schalotten schälen und in Würfel schneiden. Kalbssemmerrolle von Fett und Sehnen befreien (passieren) und mit Salz und
Pfeffer würzen. Fleisch in einer Kasserolle kräftig mit Öl anbraten, Fleisch
entnehmen und Gemüse anrösten. Tomatenmark mitrösten und mit
Rotwein ablöschen (2 – 3-mal). Wichtig: Der Rotwein muss immer wieder
eingekocht sein (für die Farbe der Sauce und den Geschmack). Kalbsfond,
Fleisch und Kräuter dazugeben und die Kasserolle mit Deckel bei 160° C
(Ober- und Unterhitze) für 2 Stunden in den Ofen geben. Regelmäßig
wenden und übergießen, gegebenenfalls mit etwas Wasser auffüllen.
Nach ca. 2 Stunden Fleisch entnehmen und abkühlen lassen.

Sauce passieren und mit dem Trüffelöl verfeinern (abschmecken).
Abgekühlten Braten schneiden und in der Sauce heiß legen.
Spargel schälen und Enden abschneiden. In einem Fond aus Wasser,
Butter, Zitrone, Salz und Zucker blanchieren und mit kaltem Wasser
abschrecken. Fond zum Erhitzen des Spargels aufbewahren.
Für das Püree die Kartoffeln schälen und in Salzwasser kochen. Sahne
und Butter erhitzen. Gegarte Kartoffeln fein stampfen. Sahne und Butter
dazugeben und mit einem Schneebesen schaumig rühren. Abschmecken
mit Salz, Pfeffer und Muskatnuss. Kalbsbraten in heißer Sauce erwärmen.
Spargel im Fond erhitzen. Heißes Kartoffelpüree in einen Spritzbeutel mit
großer Sterntülle füllen (falls vorhanden) und auf die Teller dressieren.
Spargel und Braten auf die Teller geben und dekorieren.

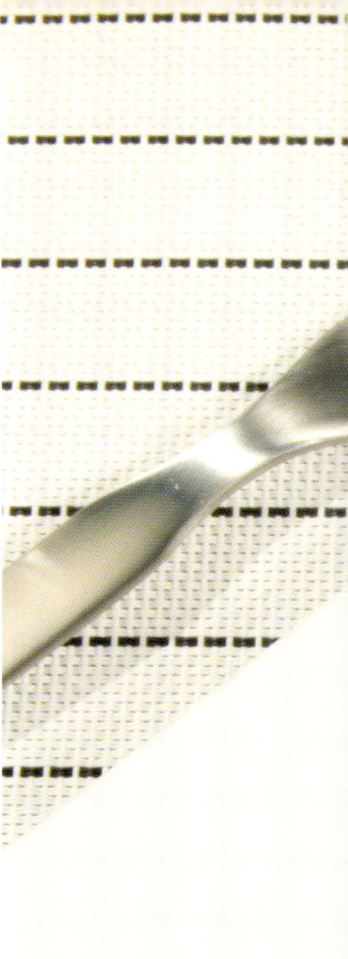

Thorsten Friedrichs und Thomas Scholz

Geschichte kann motivieren, aber auch ein wenig einschüchtern. Erst recht dann, wenn die Historie so lang und so eindrucksvoll ist wie hier vor den Toren Krefelds. Im *Landgasthof Hückels May* lebt man mit der Vergangenheit und weiß um die berühmten Schlachten, die hier gleich zweimal in der Vergangenheit stattfanden. 1642 und 1753 versuchten fremde Truppen jeweils, die unmittelbar am alten Gutshof Hückels May liegenden Befestigungen im Krefelder Süden zu überrennen – und gleich doppelt haben die jeweiligen Angreifer gesiegt. An diese kriegerischen Begebenheiten erinnern heute noch die alten gusseisernen Kanonen, die vor dem Eingang stehen; verwendet wurden sie Gott sei Dank schon seit vielen Jahren nicht mehr. Ja, es geht seit geraumer Zeit sogar ausnehmend friedlich zu im Gasthof, der bereits im 19. Jahrhundert als Gastwirtschaft genutzt wurde. Vor einigen Jahren übernahm Till Reese

den großen Gutshof, und Küchenchef Andrej Stepin kümmert sich ums À-la-carte-Geschäft sowie die kulinarische Versorgung der vielen Gesellschaften, die den großen Innenhof, die Scheune und die übrigen Räumlichkeiten für Hochzeiten und andere Feierlichkeiten nutzen. Küchenchef Stepin bekommt den Spagat zwischen Tradition und Modernität überraschend gut hin. Der gebürtige St. Petersburger, der im Landgasthof seine Ausbildung absolvierte und nach der Lehre gleich dablieb, verbindet mediterrane Rezepte und Krefelder Klassiker. Mit einem Augenzwinkern und in Erinnerung an die Vergangenheit werden der berühmte Franzosenspieß – in Wirklichkeit ein gegrilltes Zanderfilet am Degenspieß mit leckeren Beilagen – und das aus einem Rinderfilet mit Olivencreme und Parmesankruste bestehende Offizierssteak serviert. Auch die preußische Kartoffelsuppe ist aus dem Speisenangebot nicht wegzudenken,

während der niederrheinische Klassiker „Himmel und Erd" zwar traditionsgemäß mit Äpfeln und Blutwurst angereichert, aber kreativ mit etwas Bacon und Gewürzen akzentuiert wird. Weil Frische allerdings die Hauptsache ist und Langeweile eh nicht aufkommen darf, wechselt die Speisekarte alle paar Wochen. Küchenchef Stepin und seine Mitarbeiter verblüffen mit einem Taschenkrebstatar oder zeigen bei der Ziegenkäseterrine, dass man heimischen Käse zu einer abwechslungsreichen Vorspeise veredeln kann. Von Einschüchterung und Ehrfurcht vor der langen Geschichte des Hauses merkt man bei diesen und vielen anderen Kreationen des Restaurants nicht das Geringste.

HIMMEL UND ERD'
mit Kartoffelpüree

Zutaten für 4 Personen

800 g Kartoffeln
150 ml Milch
70 g Butter
4 Äpfel
1 große Zwiebel
100 g Bacon
600 g Blutwurst
Salz
Pfeffer
Muskat
Petersilie

Zubereitung

Kartoffeln schälen, klein schneiden und 20 Minuten in Salzwasser kochen. Nach 15 Minuten die Milch mit dem Muskat und Salz aufkochen. Fertig gekochte Kartoffeln durch ein Sieb abgießen und zerstampfen. Zur Kartoffelmasse 50 Gramm Butterwürfel hinzufügen und die aufgekochte Milch nach und nach mit einem Schneebesen unter die Masse rühren, anschließend mit Pfeffer abschmecken. Kartoffelpüree warm stellen.

Den Bacon in Streifen schneiden. Äpfel mit Schale und der geschälten Zwiebel in Würfel schneiden. In einer beschichteten Pfanne die restlichen 20 Gramm Butter erwärmen, Bacon und Zwiebeln hineingeben und bei kleiner Hitze 3 – 4 Minuten anbraten. Äpfel hinzufügen und 1 weitere Minute braten. Das Gebratene warm stellen.

Die Blutwurst in 2 Zentimeter dicke Scheiben schneiden und von jeder Seite 2 Minuten anbraten. Das Gericht kann nun auf vier Tellern angerichtet und mit Petersilie garniert werden. Je nach Geschmack eine Bratensauce zum Gericht servieren.

Landgasthof Hückels May • Krefeld

117

APFEL-QUARK-TÖRTCHEN
mit Früchten

Zutaten für 4 Personen

200 g Zartbitter-Schokolade

200 g Vollmilch-Schokolade

70 g Butterkekse

250 g Quark

1 Orange

1 Zitrone

250 g Sahne

3 Eier

70 g Zucker

80 ml Weißwein

80 ml Apfelsaft

7 Blatt Gelatine

½ cl grüne Lebensmittelfarbe

2 grüne Äpfel

Zubereitung

Die Butterkekse kleinbröseln, die gesamte Schokolade in einer Metallschüssel über einem Wasserbad schmelzen lassen. Butterkeksbrösel hinzufügen und zu einer Masse verrühren.

Eine Auflaufform mit Frischhaltefolie auslegen und die Schokoladenmasse ca. 1 cm dick auf dem Boden der Auflaufform glatt streichen und für eine Stunde kaltstellen. Sahne steif schlagen und kaltstellen. Eiweiß vom Eigelb trennen, das Eiweiß mit einer Prise Salz steif schlagen, danach kaltstellen.

Zitrone und Orange entsaften, aufkochen und 5 Blatt eingeweichte Gelatine hinzufügen, danach ca. 10 Minuten abkühlen lassen. Quark mit 50 Gramm Zucker glatt rühren. Die abgekühlte Flüssigkeit zur Quarkmasse hinzufügen und erneut verrühren, anschließend die aufgeschlagene Sahne und das aufgeschlagene Eiweiß unterheben. Die Quarkmasse auf dem fest gewordenen Schokoladenboden ca. 4 Zentimeter dick verteilen und erneut kalt stellen.

Weißwein mit Apfelsaft und dem übrigen Zucker aufkochen, grüne Lebensmittelfarbe dazugeben und mit 2 Blatt eingeweichter Gelatine verrühren. Die Masse fast ganz abkühlen lassen. Inzwischen die geschälten Äpfel in kleine Würfel schneiden. Apfelwürfel über die ganze Quarkmasse gleichmäßig verteilen und mit dem Apfel-Wein-Guss komplett übergießen, danach ca. 1 ½ Stunden kaltstellen. Servieren.

Andrej Stepin

Landgasthof Hückels May • Krefeld

Düsseldorfer Fernsehturm

Düsseldorf, mehr als Niederrhein

Wer Düsseldorfer mit Herz und Seele ist, aber dem Gewusel der Innenstadt entkommen will, zieht einen Ort weiter. Meerbusch gilt als feiner, ruhiger und kulinarisch bestens erschlossener Quasi-Vorort der Rheinmetropole, Neuss als frische, aufstrebende Alternative. Ein Hauch von großer, weiter Welt zieht den Rhein herunter und hinauf: In Meerbusch oder Neuss wird provenzalisch und japanisch gekocht, hier spielt man mit asiatischen Zutaten oder kombiniert regionale Klassiker und nordafrikanische Gewürze. Und in Düsseldorf geht es ohnehin so vielfältig zu wie kaum anderswo in Nordrhein-Westfalen. Dass der Rhein die Grenze der Region Niederrhein bildet und am anderen Ufer das

Bergische Land beginnt, wird locker akzeptiert. Restaurant-klassiker wie das *Victorian* oder das ebenso berühmte *Hummerstübchen*, wo Peter Nöthel zu einer kulinarischen Institution geworden ist, sind viel zu angesehen, um sie für die eine oder andere Land-schaft zu reklamieren.

Zollhafen Düsseldorf

Silberhaus am Zollhafen Düsseldorf

Am Dialekt merkt man es nicht, doch auf Nachfrage verrät sich Marike Kern ohne Zögern. Die Küchenchefin des Restaurants *Hummelbachaue* am Rande von Neuss stammt nämlich gar nicht vom Niederrhein, sondern wurde ein paar 100 Kilometer weiter südlich geboren. „Den Akzent hat mir meine erste Lehrmeisterin ausgetrieben", lächelt die Wahl-Niederrheinerin, die in Baden-Württemberg nicht bloß aufwuchs, sondern hier und im benachbarten Franken auch ihre ersten gastronomischen Schritte tat. Die *Schweizer Stuben* in Wertheim, eine der berühmtesten deutschen Restaurantadressen der 1980er und 1990er Jahre, prägten die junge Köchin. Könnern am Herd wie dem damaligen Küchenchef Tillmann Hahn schaute Marike Kern viele Tricks ab – und nicht zuletzt auch die Fähigkeit, Mitarbeiter auf nachhaltige Weise zu motivieren. Mit dem noch immer weit verbreiteten Führungsstil in der Küche, mit dem rauen Ton, den gebrüllten Anweisungen und den berüchtigten, fliegenden

Pfannen konnte sie sich nie anfreunden. „Ich behandle meine Auszubildenden pfleglich", sagt die Verantwortliche für die kulinarische Betreuung des Golfrestaurants *Hummelbachaue* – obwohl (oder gerade weil!) die Lehrenden wie die ausgelernten Köche und Servicemitarbeiter einiges leisten müssen in dem Lokal, das sich auf gleich mehrere Zielgruppen konzentriert. Der untere Bereich des Restaurants ist für die Golfer vorgesehen, einen Stock höher nehmen die Düsseldorfer, die Neusser und all die anderen Genießer Platz und lassen sich mit einer Mischung aus Klassischem und Internationalem verwöhnen. Die Aussicht auf die Grünanlagen ist hier wie da fabelhaft, und Marike Kern sorgt dafür, dass ein Schweinefilet (von der Iberico-Sorte) auch wirklich rosa gebraten ist und der Kabeljau im Sesammantel nicht übergart wurde, sondern noch saftig den Tisch erreicht. Hausgemacht sind nicht nur die Ravioli, gefüllt beispielsweise mit Spinat und Ricotta – auch das Quark-Honig-Eis, das die

Chefin vielleicht zu den überbackenen Erdbeeren reicht, wurde an Ort und Stelle produziert. Wer in der Speisekarte das niederrheinische Element vermisst, schaut nur nicht genau genug hin. Der Herbst ist den Muscheln gewidmet, die hier selbstverständlich auf rheinische Art zubereitet werden, und der Spargel stammt seit langem vom Bauernhof Läufen. „Aber letztlich kochen wir hier eine Cross-over-Küche", erklärt Marike Kern. Mit mediterranen Akzenten und einigen asiatischen Gewürzen, mit frischen Kräutern und allerlei klassischen Kartoffelzubereitungen, welche die gute Schulung des Küchenteams durchschimmern lassen. Kreativität ist ja gut und schön und das Sahnehäubchen auf der Leistung einer Küche, ohne die Basis aber – das perfekte Braten der Croutons für den Cesar's Salad oder das Abschmecken eines Pilzrisottos – hat alles Ausprobieren ja doch keinen Sinn. Marike Kern hat diese Regel schon vor Jahren begriffen.

THUNFISCHMETT AN TOASTIS

mit Koriander-Minz-Pesto und Limetten-Crème-fraîche

Zutaten für 4 Personen

300 g frisches Thunfischfilet
(am besten Sushi-Qualität)
1 kleines Baguette
2 Limetten
3 EL kalt gepresstes Olivenöl
100 g Crème fraîche
1 kleine rote Zwiebel
Meersalz
frisch gemahlener Pfeffer
etwas Zucker

Pesto

1 Bund Koriander
1 Bund Minze
30 g Pinienkerne
80 ml kalt gepresstes Olivenöl
1 geschälte Knoblauchzehe
Meersalz

Zubereitung

Für das Pesto die Pinienkerne in einer Pfanne anrösten, bis sie goldbraun sind. Mit den Kräutern, dem Knoblauch und dem Olivenöl in einen Mixer geben und zu einer Paste verarbeiten. Mit Meersalz abschmecken.
Thunfisch in dünne Scheiben schneiden und fein hacken. Die Zwiebel schälen und fein würfeln, zum Fisch geben. Vor dem Würzen 3 EL Olivenöl in die Masse einrühren, mit einem Spritzer Limettensaft, Meersalz und Pfeffer würzen.
Baguette in dünne, schräge Scheiben schneiden und in etwas Olivenöl von beiden Seiten kurz anbraten.

Restaurant Hummelbachaue • Neuss

MILLEFEUILLE VON RINDERFILET UND OFENKARTOFFELN

an sautierten Pfifferlingen und glasierten Frühlingszwiebeln

Zutaten für 4 Personen

4 mal 180 g Rinderfilet
2 große Ofenkartoffeln
500 g Pfifferlinge
2 Zweige Thymian
4 Zweige Rosmarin
1 Bund Schnittlauch
1 Bund Frühlingszwiebeln
Olivenöl
Pflanzenöl zum Braten
Salz
frisch gemahlener Pfeffer aus der Mühle

Glasage

50 g Zucker
100 ml Weißwein
20 ml weißer Balsamico
50 g Salz
1 Vanilleschote
100 g kalte Butter

Zubereitung

Ofenkartoffeln gründlich waschen und komplett in Alufolie einwickeln. Im vorgeheizten Ofen für etwa 45 Minuten bei ca. 180° C garen. Sobald man ohne Widerstand hindurchstechen kann, die Kartoffeln aus dem Ofen nehmen. Die Folie öffnen und die Kartoffeln auskühlen lassen. Pfifferlinge grob säubern und mehrfach kurz in kaltem Wasser waschen, bis sie sauber sind. Anschließend auf einem sauberen Tuch trocknen lassen. Für die Glasage den Zucker in einem kleinen Topf karamellisieren lassen. Mit Weißwein und Balsamico ablöschen, Salz und Mark der Vanilleschote zufügen.

Etwas einkochen, anschließend etwas abkühlen lassen. Kalte Butter in Würfeln mit dem Mixstab unterrühren. Rinderfilet von beiden Seiten mit Salz und Pfeffer würzen und in einer heißen Pfanne von beiden Seiten anbraten. Fleisch im auf 180° C vorgeheizten Ofen für 11 Minuten garen, anschließend einige Minuten ruhen lassen.

In der Zwischenzeit Kartoffeln in dickere Scheiben schneiden und in einer Pfanne mit Olivenöl anbraten. Salz, Pfeffer und Thymian zugeben und zum Fleisch in den Ofen schieben.

Pfifferlinge in Pflanzenöl anschwitzen, salzen und pfeffern und mit fein gehacktem Schnittlauch verfeinern.

Kurz vor dem Anrichten die Glasage auf den Herd stellen, erhitzen und die halbierten und gewaschenen Frühlingszwiebeln kurz darin schwenken.

Fleisch in Scheiben schneiden und abwechselnd mit den Ofenkartoffeln schichten. Zum besseren Halt einen Rosmarinzweig in die Mitte stecken.

Ein eiskalter Tag Anfang Januar, eine traditionell ruhige Zeit in der gehobenen Gastronomie. Die Gäste bleiben in diesen Wochen oft zu Hause, specken ab, sparen wohl auch ein bisschen. Doch im *Herzog von Burgund* ist von Ruhe nichts zu spüren. Es ist der erste Tag nach einer Woche Neujahrsferien, und das bedeutet viel Arbeit. Fonds werden frisch gekocht, die Lieferungen kontrolliert, die Mise en place fürs Mittag- und Abendgeschäft ist zu bewältigen. Der Maître hat bereits um 11 Uhr die Tische fürs Mittagsgeschäft eingedeckt und ergänzt nun den Getränkevorrat, ein junger Kellner übt unter kundiger Anleitung von Küchenchef Andreas Hillejan das Filetieren der Eismeerforelle. Und Patron Erich Tiefenbacher, der gebürtige Steirer, kümmert sich um die Reservierungen und hofft wohl auch, dass der für den nächsten Tag angekündigte Schneefall nicht allzu heftig ausfallen möge. Glätte und Kälte sind Gift

selbst für die etabliertesten Restaurants. Doch zum Glück sind solche Wetterverhältnisse die Ausnahme, und die Neusser, die Düsseldorfer und viele andere Gäste wissen nur zu gut, was sie am *Herzog von Burgund* haben: eine ziemlich einzigartige Melange aus niederrheinischen, österreichischen und mediterranen Traditionen. Tiefenbacher arbeitet mit seinem langjährigen Küchenchef und Kompagnon Andreas Hillejan immer an neuen Kombinationen, ohne auf vordergründige Effekte zu setzen. Ländliches Stielmus zum weißen Heilbutt? Österreichische Topfennudeln zum Frischlingsrücken? So etwas funktioniert auch deshalb, weil der Chef stets nach den besten Produkten fahndet. „Wir haben einen befreundeten Metzger", sagt Tiefenbacher, „und einen Gemüsehändler, der hervorragende regionale Produkte anbietet." Das Kürbiskernöl kommt aber direkt aus der Steiermark, ebenso wie die Marillenmarmelade, mancher Wein und

andere Spezialitäten. Ob man das interkulturelle Küche nennen soll? Eigentlich sind solche Schlagwörter bedeutungslos angesichts der Tatsache, dass der *Herzog* längst seinen Stil gefunden hat. Der Gastraum präsentiert sich nach einer vor ein paar Jahren erfolgten Grundrenovierung eleganter als je zuvor, und dass sich hinter dem Haus ein ruhiger, mit stilvollen Möbeln eingerichteter Garten befindet, hat sich herumgesprochen. Und noch etwas ist längst bekannt am Niederrhein: die sehr persönliche Betreuung im *Herzog* – mit Andreas Hillejan eher hinter den Kulissen, Erich Tiefenbacher meist davor und im Kontakt mit dem Gast – eine intelligente Arbeitsteilung!

Erich Tiefenbacher und Andreas Hillejan

TATAR VON DER BACHFORELLE
mit Kräuterrahm und Gurkengelee

Zutaten für 4 Personen

320 g Bachforellenfilet
2 Schalotten
20 ml Olivenöl
100 g Schnittlauch, 1 Bund Kerbel
20 g Dill
1 Bund Basilikum, 1 Bund Blattpetersilie
200 g Paniermehl
½ Zitrone
1 Salatgurke
200 g Joghurt, 200 g Quark
2 Eier, 1 Gewürzgurke
2 Kartoffeln
20 g Forellenkaviar
Fenchelsamen, Korianderkörner
Salz, Pfeffer
5 Blatt Gelatine

Zubereitung

Tatar

Die Bachforellenfilets entgräten und anschließend von der Haut ziehen. Forellenfilets fein würfeln, mit Salz, Pfeffer, Olivenöl, gemahlenen Fenchelsamen, gemahlenen Korianderkörnern, Schnittlauch und feinen Schalottenwürfeln würzen. Die zwei Eier in kochendem Wasser 9 Minuten kochen, anschließend abschrecken, Eiweiß vom Eigelb trennen. Das gekochte Eiweiß in feine Würfel schneiden und unter das Tatar heben, alles gut vermengen und in Metallringe von ca. 7 Zentimeter Durchmesser einfüllen, anschließend für ca. 1 Stunde einkühlen.

Gurkengelee

Die Salatgurke grob würfeln und mit Joghurt, Dill, Salz und Pfeffer fein pürieren. Anschließend durch ein feines Sieb passieren. Die Gelatineblätter in kaltem Wasser einweichen, anschließend gut ausdrücken und in 100 Milliliter Gurkenfond warm auflösen und die aufgelöste Gelatine mit dem restlichen Gurkenfond verrühren. Gurkengelee auf ein flaches Blech mit ca. 2 Zentimeter Kantenhöhe gießen. Für 2 Stunden in den Kühlschrank stellen und nach dem Erkalten in 2 mal 2 Zentimeter große Würfel schneiden.

Kräuterrahm

Quark mit Salz, Pfeffer und Zitronensaft würzen. Gehackten Kerbel und fein geschnittenen Schnittlauch zugeben und glatt rühren, gleichmäßig auf die vier Ringe verteilen.

Gebackene Kartoffel

Kartoffeln schälen und in 4 mal 4 Zentimeter große Würfel schneiden. Mit einem Parisienne-Ausstecher aushöhlen, in kochendem Salzwasser bissfest kochen und auskühlen lassen. Basilikum und Petersilie mit dem Paniermehl mixen. 1 rohes Ei aufschlagen und die Kartoffeln durch das Ei ziehen, in dem Paniermehlmix wenden und in heißem Fett ausbacken.

Anrichten

Metallringe mit dem Tatar mittig auf einem Teller platzieren, gekochtes Eigelb hacken und auf die Kräutercreme streuen, Ringe abziehen und mit Kerbel dekorieren. 3 Gurkengeleewürfel außen herum platzieren. Gebackene Kartoffel ansetzen und mit Forellenkaviar füllen.

SPANFERKELRÜCKEN
im Holunderblütenfond
mit Erbsenpüree

Zutaten für 4 Personen

800 g Spanferkelrücken
800 g Erbsen
100 g durchwachsener Speck
½ Mai-Wirsing
6 Schalotten
1 Apfel
500 g Holunderblüten
300 ml Apfelsaft
600 ml Sahne
200 ml weißer Portwein
200 ml Geflügelbrühe
150 g Butter
Korianderkörner
1 Sternanis
Schale von 1 Orange
1 Bund Thymian
Salz
Pfeffer

Zubereitung
Spanferkel

Spanferkelrücken auf der Hautseite fein einrit-
zen. Würzen mit Salz und Pfeffer, auf der
Hautseite in einer Pfanne 8 Minuten knusprig
anbraten, kurz umdrehen und anschließend
auf ein Gitterblech setzen und für ca. 8 – 10
Minuten bei 160° C im Umluftofen garen, bis
zum Servieren warm halten.

Erbsenpüree

Die Hälfte der Erbsen in kochendem Salzwasser
blanchieren, anschließend in kaltem Wasser
abschrecken. Schalotten und 50 Gramm Speck
fein würfeln, mit 10 Gramm Butter glasig
anschwitzen, mit 0,2 Liter Sahne und 0,2 Liter
Geflügelbrühe ablöschen, aufkochen lassen,
die restlichen Erbsen zugeben. Erbsen weich
kochen und fein pürieren, mit den gekochten
Erbsen vor dem Anrichten kurz erwärmen.

Holunderfond

Die Holunderblüten vom Stiel befreien. Portwein, Apfelsaft, gestoßene Korianderkörner,
Sternanis, Thymianzweige, Orangenschale und
geviertelten und entkernten Apfel einmal auf-

kochen. Holunderblüten zugeben und
ca. 20 Minuten ziehen lassen, anschließend
durch ein Sieb passieren, um die Hälfte einkochen und mit 100 Gramm Butter montieren.
Den Fond mit Salz und Pfeffer abschmecken.

Mai-Wirsingbällchen

Die äußeren Blätter vom Wirsing abnehmen,
in kochendem Salzwasser blanchieren, kalt abschrecken und auf einem Küchentuch trocken
tupfen. 4 Schalotten schälen, 50 Gramm Speck
fein würfeln und mit 20 Gramm Butter glasig

Erich Tiefenbacher und Andreas Hillejan

anschwitzen. Den restlichen Mai-Wirsing in feine Streifen schneiden und zur Speck-Zwiebel-Masse geben, kurz mit anschwitzen. Mit Salz, Pfeffer und Muskat würzen, dann mit 0,4 Liter Sahne ablöschen und dicklich einkochen. Die blanchierten Wirsingblätter in einen runden Eisportionierer geben, mit der Masse füllen und zuklappen, leicht pressen. Zum Erwärmen die Wirsingbällchen in einen Topf mit etwas Wasser und 20 Gramm Butter legen, mit einem Deckel abdecken und bei sanfter Hitze erwärmen.

Erbsenpüree mithilfe eines runden Ausstechers mittig auf einem vorgewärmten, tiefen Teller anrichten, Wirsingbällchen ansetzen, Spanferkel tranchieren und auf dem Erbsenpüree platzieren. Holunderblütenfond angießen und mit glasierten Möhrenscheiben dekorieren.

Restaurant Herzog von Burgund • Neuss

ichael Freynik kennt man. Nicht nur die Neusser verbinden die kreative Küche des jungen Niederrheiners automatisch mit dem *Restaurant Freynik am Fluss*, wo der Namensgeber sich im Laufe des letzten Jahrzehnts einen exzellenten Ruf erarbeitete. Und genau dem fühlt er sich auch am neuen Ort verbunden: Der *Anker* befindet sich im Herzen der Neusser Altstadt, gleich gegenüber der alten Klosterkirche. Komplett renoviert, begeistert die neue Adresse mit Stil und dezent maritimem Charme, bleibt aber dennoch boden-ständig. Eine Schiffskombüse auf die beste aller Arten.

Michael Freynik geht am neuen Standort den alten Weg weiter, ist aber sogar noch ein ganzes Stück konsequenter als früher. „Wir machen hier eine Cross-over-Küche", berichtet der 42-Jährige, der schon im Düsseldorfer Fernsehturm gekocht und sich vor Ort in die Finessen der italienischen Küche eingearbeitet hat. Eine Küche, die sich ausschließlich auf das konzentriert, was der Markt hergibt, die nichts Vorgefertigtes verwendet und für die das Wort Tiefkühltruhe ein sehr fremdes ist. Im *Anker*

wird das täglich wechselnde Speisenprogramm einfach an die Tafel gekreidet. Weil keine stundenlange Mise en place für alle Eventualitäten angesetzt wird, gewinnen die Gourmets durch diese Beschränkung hohe Qualität und niedrige Preise. „Man sieht beim Einkauf ein schönes Produkt und gibt das an die Gäste weiter", erklärt Michael Freynik. Und das kann dann schon mal ein andalusischer Schweinenacken sein, der frisch vorbereitet und in 20 Portionen aufgeteilt wird. Wenn die weg sind, sind sie weg – unbegrenzte Vorratshaltung ist nicht gewollt, doch dafür wird am nächsten Tag wieder etwas ganz anderes auf der Tafel stehen. Tomaten-Mango-Suppe vielleicht oder Geflügelsaté mit Erdnusssauce, eine Fischvariation mit Spargel und Kartoffeln oder die Lammhüfte „Arabesque" mit Couscous und Ofengemüse. Deutlich mediterran, stimmt schon, aber ebenso fernöstlich oder nordafrikanisch, gern auch niederrheinisch beeinflusst. Der Steward, pardon Kellner, berät persönlich, auch was die Weine angeht. Michael Freynik will sich auch in flüssiger Hinsicht in den Herzen und Gaumen der

Neusser verankern. Apropos Anker. Den können die Gäste auch im Garten der 1820 erstmals gastronomisch genutzten Gastwirtschaft auswerfen: Sobald es die Temperaturen erlauben, darf man die Freynikschen Spezialitäten im begrünten Innenhof oder auf der Sonnenterrasse genießen. Den Fluss kann man von hier aus zwar nicht sehen, aber der Blick auf die herausgeputzten Altstadtfassaden ist eine erstklassige Entschädigung. So mancher bleibt dann auch ein bisschen länger und profitiert davon, dass Michael Freynik auch beim Dessert das Prinzip der Frische über alles stellt. Gefrorene Langeweile sucht man vergeblich im *Anker*, frische und fruchtige Kreationen mit dem gewissen Etwas sind dagegen Standard – auch für kleinere Gäste, die hier wie auf einem Kreuzfahrtschiff verwöhnt werden und samstags wie sonntags aus der Freynikschen Piratenkarte wählen. Die Großen stoßen lieber mit einem Killepitsch auf eine der ideenreichsten Gastwirtschaften weit und breit an.

POULET AU CITRON mit Couscous

Das einzigartige Aroma der marokkanischen eingelegten Zitronen zieht im Ofen wunderbar in das zarte Geflügelfleisch, dazu gehört eine pikante Variante von Taboulé-Salat mit frischem Joghurt.

Zutaten für 4 Personen

4 Poulardenbrüste
2 marokkanische Zitronen, eingelegt
1 ägyptischer Knoblauch
Zitronenthymian
120 g Couscous, fein
Raz el Hanout
2 Strauchtomaten
Koriander
Minze
glatte Petersilie

4 libanesisches Fladenbrote
200 g türkischer Joghurt mit
10 Prozent Fettgehalt (schmeckt besser)
1 Limone
Salz, Zucker
grober Pfeffer
Kräftiges Olivenöl

Zubereitung

Poulardenbrust mit Salz und grobem Pfeffer würzen, von Haut- und Fleischseite scharf anbraten. Eingelegte Zitronen, Thymian und Knoblauch schneiden, rebeln, hacken und mit Olivenöl in eine Backform geben. Die Brüste darauf legen und ca. 15 Minuten bei 180° C backen. Gleiche Menge Wasser wie Couscous zum Kochen bringen und mit Salz, Zucker,

Raz el Hanout und Olivenöl abschmecken. Couscous dazugeben und kräftig rühren, sofort von der Flamme nehmen. Auf ein Blech zum Abkühlen geben und dann mit beiden Händen locker zerkrümeln. Koriander, Minze und Petersilie fein schneiden, Tomate würfeln, alle Zutaten mit dem Couscous vermischen, mit Limone abschmecken. Joghurt mit Koriander, Minze, Limone, Salz, Zucker und Olivenöl verrühren und abschmecken. Das Fladenbrot kurz im Backofen erhitzen. Die Brüste tranchieren und auf dem gebackenen Limonenge-müse anrichten, Taboulé dazugeben, das warme Brot rollen, mit Olivenöl beträufeln und mit Limone garnieren.

DORADE
im Pergament-Versteck

Das Zusammenspiel der Zutaten in Kombination mit den Aromen, im Ofen sich
selber überlassen – vom Aufwand her
gering – das Ergebnis überwältigend.

Zutaten für 4 Personen
4 Doraden, ganz
120 g Drillinge (Kartoffeln)
1 ägyptischer Knoblauch
1 Bund Karotten
100 g Kaiserschoten
150 g grüner Spargel
150 g Cherry-Tomaten
2 Zucchini
1 Fenchel
Rosmarin, frisch
Thymian, frisch
natives Olivenöl
Meersalz
grober Pfeffer
Pergament
(oder Backpapier)

Zubereitung
Bei der Dorade sorgfältig alle Flossen und
Schuppen mit der Fischschere abtrennen,
die Dorade ausnehmen und mit kaltem
Wasser spülen.
Das Gemüse schälen und putzen, schneiden,
kurz blanchieren, Kartoffeln kochen.
Die Dorade mit Meersalz und grobem
Pfeffer würzen, mit Kräutern und Knoblauch
füllen, von beiden Seiten in Olivenöl
anbraten.
Pergament großzügig ausbreiten, Gemüse,
Kartoffeln und Kräuter darauf verteilen,
alles mit Knoblauch, Olivenöl, Meersalz
und Pfeffer marinieren.
Die Dorade darauf legen, alles sorgfältig
mit dem Papier verpacken. Ab in den Ofen
– 20 Minuten bei 200° C.
Der Gast öffnet sein Paket und bekommt
das volle Aromen-Geschenk serviert!

Michael Freynik

Marika Weinhold ist eine niederrheinische Köchin wie aus dem Bilderbuch der Gastronomie. Aus Neuss ist die immer lächelnde Kreative nicht mehr wegzudenken, und auch jenseits der Stadtgrenzen kennt man sie als eine der zuverlässigsten Spezialistinnen am Herd, die sich zwischen Rhein und holländischer Grenze finden lassen. Doch wer ganz genau zuhört, wenn Marika Weinhold die Runde durchs Restaurant macht und nach dem Rechten sieht, der erkennt einen ungewöhnlichen Dialekt. „Eigentlich komme ich aus dem Erzgebirge", bestätigt die Wahl-Neusserin, die sich zunächst zur Restaurantfachfrau und anschließend zur Köchin ausbilden ließ. Das Geschehen im Restaurant kennt sie also von allen Seiten, und weil sie das nicht missen will, hat sie im *Spitzweg* eine offene Küche einbauen lassen. Ganz weg zu sein vom Trubel im Gastraum, wo zahlreiche Bilder an den berühmten Maler Carl Spitzweg erinnern, nur hinter verschlossenen Türen Teller anzurichten

– das wäre nichts für sie. Von der Zufriedenheit der Gäste will sie etwas mitbekommen und – sollte mal etwas nicht so geklappt haben wie erhofft – auch Kritik entgegennehmen.

Auch wegen dieser persönlichen Art, ein Restaurant zu führen, ist das *Spitzweg* heute ein fester Bestandteil der Neusser Innenstadt. 2001 wurde das Lokal eröffnet und präsentierte sich von Anfang an als zwar anspruchsvolles, aber nicht abgehobenes Etablissement. Auf die Frage, wie sie genau ihre Art des Kochens beschreiben würde, wird Marika Weinhold sogar ein bisschen verlegen. Junge Küche, das schon, aber auch eine, die sich mediterraner Zutaten bedient und so manchen Trick der alten deutschen Küchen anwendet. Ein wenig rheinländisch und sogar niederrheinisch, aber auch wieder nicht zu viel. Und manchmal kommen sogar sächsische und erzgebirgische Spezialitäten auf den Tisch. „Dresdner Quarkkeulchen vielleicht", lächelt Marika Weinhold, „oder Leipziger Allerlei mit

Havelzander." Aber so richtig festlegen will sie sich dann doch nicht auf die eine oder andere Tradition, will lieber die Kunden immer wieder aufs Neue überraschen – natürlich auch mit den passenden Weinen und mit dem erst vor ein paar Monaten ins Leben gerufenen, täglich wechselnden Mittagsmenü.

Überhaupt: Abwechslung muss schon sein. „Wenn ich nachts aufwache und von den Gerichten träume, die wir gerade servieren, dann wechseln wir die Karte", sagt Marika Weinhold. Und wenn das den Restauranttestern gefällt und Punkte oder andere Auszeichnungen verliehen werden, dann freut sie sich natürlich darüber. Noch wichtiger aber ist Chefin wie Team im *Spitzweg*, dass sich so viele Neusser als Stammgäste dem Restaurant verpflichtet fühlen und dass immer wieder Nachwuchsesser aus anderen Teilen der Region dazukommen. Und dass Marika Weinhold neben den alten immer wieder neue, zufriedene Gesichter sieht, wenn sie aus ihrer offenen Küche in den Gastraum schaut.

PERLHUHNROULADE

im geräucherten Entenbrustmantel mit Bärlauch-Gnocchi, Pfifferlingen, jungem Gemüse und Balsamicosauce

Zutaten für 4 Personen

4 Perlhuhnbrüste
1 geräucherte Entenbrust
50 g getrocknete Tomaten
8 junge Möhren
100 g Zuckerschoten
200 g Thai-Spargel
200 g frische, klein gewachsene Pfifferlinge
Salz, Pfeffer, Zucker
200 ml Balsamico-Essig
200 ml Geflügeljus (oder Fond)
Öl und Butter zum Braten und Verfeinern

Gnocchi

500 g Kartoffeln (mehlig kochend)
100 g Bärlauchpesto
100 g Hartweizengrieß
je 2 EL Mehl und Speisestärke
2 Eier
Salz, Pfeffer, Muskatnuss

Zubereitung

Für die Gnocchi die Kartoffeln mit Schale in Salzwasser gar kochen, anschließend abdampfen lassen und schälen. Die noch warmen Kartoffeln pressen, zu der Masse die Eier und den Grieß geben und alles gut vermengen. Das Pesto hinzugeben und nun so viel Mehl und Stärke zugeben, bis sich die Masse zu einer Rolle (Durchmesser ca. 2 Zentimeter) formen lässt. Auf einer bemehlten Arbeitsfläche lagern, die Gnocchi in Rauten abstechen. Die Gnocchi nun in Salzwasser einmal aufkochen, 3 Minuten ziehen lassen und anschließend in Eiswasser abkühlen. Vor dem Servieren kurz goldbraun anbraten, einen Stich Butter dazu geben.
Für die Perlhuhnroulade die Entenbrust hauchdünn auf der Aufschnittmaschine aufschneiden, je 5 – 6 Scheiben leicht überlappend auf Frischhaltefolie legen. Die Perlhuhnbrüste von Haut, ggf. Knochen und Sehnen befreien.

Die Brust längs leicht einschneiden, so dass sich eine Tasche bildet. Diese mit getrockneten Tomaten, einer Thai-Spargelstange und etwas Bärlauchpesto füllen. Perlhuhnbrust nun rundum leicht mit Salz und Pfeffer würzen, straff mit Folie und Entenbrust ummanteln und in Form bringen. Die Roulade kühl stellen. Nach 2 Stunden aus der Folie nehmen und leicht von allen Seiten anbraten und bei 80° C im Backofen gar ziehen lassen (ca. 30 – 40 Minuten).
Für die Sauce 3 EL Zucker karamellisieren, Balsamico zugeben und auf die Hälfte reduzieren. Anschließend Geflügeljus zugeben, nochmals etwas reduzieren lassen, harmonisch abschmecken und ggf. etwas binden.
Die geputzten Pfifferlinge kurz sautieren, würzen und servieren. Das junge Gemüse schälen bzw. putzen, bissfest kochen und anschließend in Butter und etwas Zucker glasieren.

Marika Weinhold

ROSENBLÜTEN-PARFAIT
mit marinierten Waldbeeren

Zutaten für 4 Personen

500 ml Sahne
4 Eier
1 Vanilleschote
50 g Mandelblättchen
100 ml Roséwein oder Sekt
4 cl Rosenwasser
6 schöne Rosenblüten verschiedener
Farbe (aus Bio-Anbau oder spezielle
Essblüten)
ca. 50 g Zucker (je nach Gusto)
200 g frische Beeren
(je nach Marktlage)
4 cl Himbeer- oder Erdbeergeist
etwas Puderzucker
frische Minze zum Garnieren

Zubereitung

Die Eier trennen, Eiweiß zu Schnee
schlagen und kühl stellen. Die Sahne
ebenfalls steif schlagen und kühlen. Die
Mandelblättchen goldbraun rösten
(ohne Zugabe von Fett). Eigelbe mit
Zucker, Rosenwasser und Wein im
Wasserbad warm und schaumig
aufschlagen. Die Masse leicht abkühlen
lassen. Die abgekühlten Mandelblättchen
zugeben und die geschlagene Sahne
vorsichtig unterheben. Abschließend
das geschlagene Eiweiß sowie einige
gezupfte farbige Rosenblätter und die
Vanille unter die Masse heben.
Eine Parfaitform mit Folie auslegen und
auf dem Boden der Form weitere
Rosenblätter verteilen. Nun die fertige
Parfaitmasse in der Form oder einzelnen
Förmchen verteilen, mit Folie abdecken
und mindestens 24 Stunden einfrieren.
Vor dem Servieren die Beeren mit
einem Hauch von Himbeergeist und
etwas Puderzucker marinieren. Dekorativ
auf dem Teller anrichten, das in Scheiben
geschnittene Parfait mit Minze und
Rosenblättern dekorieren.

Was Hummer und der Niederrhein miteinander zu tun haben? Auf den ersten Blick nicht allzu viel. Im Rhein schwimmt kein Krustentier, und die klassische niederrheinische Küche kennt keinerlei Rezepte mit dem Schwanz- oder Scherenfleisch des vor Kanada oder an den Küsten der Bretagne heimischen Tieres. Auf den zweiten Blick allerdings widersprechen sich regionale Küche und Hummer nicht, lassen sich sogar besser miteinander kombinieren, als mancher Skeptiker früher glaubte. „Hummer mit dicken Bohnen – das wäre früher undenkbar gewesen", sagt Peter Nöthel. „Früher kannte man gerade mal Hummer Thermidor und sehr viel mehr nicht", erinnert sich der Patron an seine Anfangsjahre. Inzwischen sind die Kunden offen für vieles – und mitunter auch für die Kombination des leicht süßlich schmeckenden Hummerfleisches und dem eher rustikalen Gemüse aus der Region, inklusive Hummervorspeise und Hummersuppe. „Ich bin der einzige in Deutschland, der ein 4-gängiges Hummer-

menü serviert", sagt Nöthel.

Dass Peter Nöthel und sein Küchenchef Peter Liesenfeld schon seit vielen Jahren mit zwei Michelin-Sternen ausgezeichnet sind, ist kein Zufall. Beide arbeiten so, wie es auch in berühmten Restaurants längst nicht mehr selbstverständlich ist. „Wir produzieren alles selbst", erläutert der Chef, der sich am Herd wohler fühlt als vor jeder Fernsehkamera, „vom Brot bis zu den Pralinen." Und natürlich all das, was hier noch serviert wird, außer dem Hummer, der zwar dem Restaurant seinen Namen verlieh, die Speisekarte aber mitnichten dominiert. Nöthel bekommt mit seinem Team aus meist langjährigen Mitarbeitern auch einen Sauerbraten auf höchstem Niveau hin, kombiniert eine Linsensuppe mit Fasan, serviert frisch gefangenen Atlantikfisch oder heimisches Wild. Ja, warum nicht auch mal Rotkohl reichen – in einem Zweisterne-Restaurant? Doch nach wie vor gibt es Gäste, die von dieser Vielfalt nichts wissen. „Wir bekommen immer noch Anfragen, ob wir noch etwas

anderes servieren als Hummer." Aber klar. Bis hin zu den kreativen Desserts und den Weinen, die in so großer Anzahl im Hummer-Stübchen-Keller lagern, dass man auch nach dem hundertsten Besuch immer noch einen neuen Winzer entdecken würde. Bis hin zum eleganten, aber unaufgeregten Ambiente und dem kleinen, sympathischen Hotel am Rheinufer, das noch unter dem alten Namen *Fischerhaus* firmiert. Von Mode und Trends hält Peter Nöthel nach mehr als einem Vierteljahrhundert *Hummer-Stübchen* allerdings nichts mehr. Wichtig ist für ihn etwas ganz anderes. „Ich koche nicht für mich - ich koche für die Gäste." Nur wenigen Köchen glaubt man das so aufs Wort.

Rezept Seite 144

HUMMER AUF SESAM-CHILI-KROKANT

mit Melone, Kräutersalat und Currymayonnaise

Hummer-Stübchen • Düsseldorf–Lörick

HUMMER AUF SESAM-CHILI-KROKANT

mit Melone, Kräutersalat und Currymayonnaise

Zutaten für 4 Personen
2 gekochte Hummerschwänze, halbiert
1 Ei
2 EL Panko-Panierbrot
Olivenöl
1 Cantaloup-Melone
Kräutersalat und Dressing
essbare Blüten
Salz

Sesamrondellen
50 g weiche Butter,
40 ml Orangensaft
50 g Sesamsamen
1 Msp Sambal Oelek
25 g Mehl, 80 g Puderzucker, Salz

Currymayonnaise
1 EL gehackte Schalotte
¼ Apfel Granny Smith, in Würfel geschnitten
5 g Currypulver
1 EL Olivenöl, Salz, Pfeffer
100 ml Wasser
2 EL Mayonnaise
1 TL Ingwersirup

Sojaöl
1 EL Sojasauce
2 EL Olivenöl
1 TL Ingwersirup
½ EL fein gehackter Ingwer

Zubereitung
Melone halbieren, die Kerne mit einem Löffel herausschaben, mit einem Melonenausstecher aus dem Fruchtfleisch 32 Kugeln ausstechen. Kalt stellen. Für die Sesamrondellen alle Zutaten in einer Schüssel gut vermischen, im Kühlschrank fest werden lassen. Backofen auf 170° C vorheizen. Mit einer Schablone Rondellen von 10 Zentimeter Durchmesser dünn auf ein mit Backtrennpapier (oder Silikonmatte) ausgelegtes Blech streichen und in 8 Minuten backen. Erkalten lassen, dann die Scheiben vorsichtig vom Blech lösen.

Für die Currymayonnaise Schalotte, Apfel und Curry in Olivenöl anschwitzen. Mit Wasser aufgießen, dann das Ganze 5 Minuten ohne Deckel kochen. Erkalten lassen, im Mixer pürieren, mit Mayonnaise und Ingwersirup vermischen. Abschmecken. Für das Sojaöl alle Zutaten verrühren.

Servieren
Den Hummer mit Ei und Panko panieren und in Olivenöl braten, auf Küchenkrepp absetzen und mit Salz würzen. Currymayonnaise auf Teller verteilen. Mit je 8 Melonenkugeln auf jedem Teller einen Kreis auslegen, darüber vorsichtig eine Sesamrondelle legen und den Hummer darauf platzieren. Etwas Sojaöl in die Currymayonnaise träufeln, mit Kräutersalat und Blüten garnieren.

RHEINISCHER SAUERBRATEN

mit Kartoffelklößen, Spitzkohlköpfchen und Apfelkrönchen

Zutaten für 6 Personen
800 g Falsches Filet (oder Semmerrolle, evtl. auch Tafelspitz)

Marinade
0,75 l Rotwein
100 ml Rotweinessig
150 ml Rinderbrühe
3 Lorbeerblätter
6 Wacholderbeeren
1 TL weiße Pfefferkörner
5 Nelken
½ Stange Porree
100 g Petersilienwurzel
je 1 Zwiebel und Möhre
100 g Staudensellerie in Scheiben und Würfeln
2 EL Tomatenmark
2 Scheiben gewürfelter Pumpernickel
2 EL Korinthen oder Sultaninen
2 EL Apfelkraut
Öl zum Braten, Salz, Pfeffer

Klöße
500 g gegarte Salzkartoffeln
1 Prise Muskat
1 Ei
40 g Mehl
75 g Weizengrieß
Salz
30 g Butter und 2 EL Semmelbrösel

Spitzkohlköpfchen
1 Spitzkohl
200 ml Béchamel-Sauce
Salz, Pfeffer, Muskat
200 ml Gemüsefond
20 g Butter

Apfelkrönchen
2 dicke Äpfel
100 g Zucker
300 ml Weißwein
5 cm Zimtstange

Zubereitung
Alle Zutaten für die Marinade in eine Schüssel geben, das Fleisch hineinlegen. Die Schüssel mit Küchenfolie abdecken und für 7 Tage in den Kühlschrank geben.
Danach das Fleisch aus der Marinade nehmen, trocken tupfen, salzen und pfeffern. In heißem Öl rundherum sehr scharf anbraten. Dann aus dem Topf nehmen und das abgetropfte Wurzelgemüse im selben Fett kräftig anrösten. Nach drei Minuten das Tomatenmark einrühren. Alles dreimal mit etwas Marinadenflüssigkeit ablöschen. Dann die restliche Marinade und die Rinderbrühe zugießen. Aufkochen, das angebratene Fleisch und den Pumpernickel dazugeben und alles für 150 Minuten in den 200° C heißen Ofen geben. Danach das Fleisch herausnehmen und warm stellen. Die Sauce durch ein Sieb passieren, die eingeweichten Korinthen oder Sultaninen hineingeben. Das Apfelkraut einrühren. Unmittelbar vor dem Anrichten das Fleisch in Scheiben schneiden. (Tipp: Das Fleisch muss nur 24 Stunden marinieren, wenn die Marinade aufgekocht und dann das Fleisch hineingegeben wird.)

Klöße
Die Salzkartoffeln durch eine Presse drücken, mit dem Ei, Muskat, Salz, Mehl und Weizengrieß gut zu einem Teig vermischen. Alles mit nassen Händen zu 8 Klößen formen und diese in kochendes Salzwasser geben. Bei geringer Hitze in 10 Minuten gar köcheln. Unmittelbar vor dem Anrichten in einer kleinen Pfanne die Semmelbrösel in der Butter 1 Minute aufschäumen. Diese Schmelze kommt über die Klöße.

Spitzkohlköpfchen

8 große Spitzkohlblätter 3 – 4 Minuten in Béchamel-Sauce vermischen. Mit Salz, Pfeffer und Muskat abschmecken. Das ist die Füllung. Die restlichen 4 Blätter in der Größe einer Untertasse rund ausschneiden. Diese Blätter einzeln in eine kleine Kelle drücken. Die Füllung hineingeben und mit den überlappenden Enden der Füllung verschließen. Vor dem Anrichten 2 Minuten in siedende Gemüsebrühe mit etwas Butter geben.

Apfelkrönchen

Die Äpfel schälen und halbieren. Mit der Schnittseite nach unten auf ein Brett legen und mit einer Ausstechform 4 Krönchen ausstechen. Das Kerngehäuse entfernen. Die Krönchen in Weißwein mit Zucker und Zimtstange drei Minuten garen. Die Apfelreste mit einem Teil der Kochflüssigkeit zu Apfelmus verarbeiten.

Anrichten

Auf eine Hälfte des Tellers je einen Kloß, ein Spitzkohlköpfchen und ein Apfelkrönchen geben. Auf den Kloß etwas Semmelbrösel-Butter-Schmelze geben, das Spitzkohlköpfchen mit etwas Butter bepinseln, auf das Apfelkrönchen etwas Apfelkompott geben. Auf die andere Tellerseite je zwei dünne Scheiben Sauerbraten geben und großzügig mit Sauce überziehen.

Hummer-Stübchen • Düsseldorf-Lörick

Dem *Victorian* nähert man sich beinahe ehrfürchtig. Hier zelebrierte lange der berühmte Günter Scherrer eine große Küche, hier traf sich viele Jahre lang die Düsseldorfer Gesellschaft, um im ersten Stock Eleganz, Chic und große Kochkunst mit klassischen Einflüssen zu erleben. Danach ging es weiter zum Einkaufsbummel auf die Kö, die legendäre Prachtmeile Düsseldorfs. Und wer sich nicht das Menü im eigentlichen *Victorian* leisten wollte, bestellte halt eins von den Bistrogerichten im Erdgeschoss.

Und heute? Menüs gibt es immer noch im *Victorian*, am Ambiente hat sich nicht viel geändert, und der seit vielen Jahren amtierende Oberkellner präpariert schon am späten Vormittag den Käsewagen. Klassisch geht es zu in einem von Düsseldorfs bekanntesten Restaurants – aber seit der Ankunft von Volker Drkosch auch überraschend kreativ. „Wir machen hier eine Avantgarde-Küche", sagt der Küchenchef und Geschäftsführer, der dem Etablissement an der Düsseldorfer Königstraße

einen neuen Kurs verordnet hat. Drkosch, der eigentlich aus Hessen stammt, hat zuvor die deutsche Spitzengastronomie erkundet – auf Stationen bei Drei-Sterne-Koch Dieter Müller oder dem Münchner Hans Haas folgten Leitungspositionen, etwa im Rüsselsheimer *La Navette*.

„Das *Victorian*, das ist eine Herausforderung", sagt Drkosch. Doch er nahm sie an und verblüfft die Gäste nicht nur mit einem Pfeffermenü, sondern auch mit einer sehr knapp gehalten Karte und dem weitgehenden Verzicht auf Beilagen. Jedes Gericht ist durchkombiniert, und nichts soll den Blick auf den Hauptbestandteil verstellen. „Wir kochen modern", sagt Drkosch, „und sehr aromaintensiv." Neue Techniken wie das Garen bei Niedertemperatur gehen einher mit der Auswahl der besten Zutaten, die auf dem Markt zu bekommen sind. Niederrheinisches spielt ebenso eine Rolle wie Kalbfleisch aus dem Münsterland oder auf den Punkt gereiftes US-Beef. Die Weinkarte ist zwar immer noch

berühmt, doch Drkosch überrascht die Düsseldorfer auch gern mit japanischem Sake als Begleitung zu der einen oder anderen Fleisch-, Fisch- und Gemüse-Kreation. Wer Günter Scherrer noch erlebt hat und sich nach den guten alten Zeiten zurücksehnt, muss übrigens nicht verzweifeln. Das Bistro im Erdgeschoss gibt es nach wie vor. Mehr noch: „Wir bieten immer auch ein paar Klassiker an", schmunzelt Drkosch. Austern auf Eis z. B. oder bretonische Seezunge und dazu ein Chablis oder ein Glas Champagner. In solchen Momenten könnte man glauben, dass sich in den letzten 20 Jahren nicht viel geändert hat in der Gastronomie der Stadt. Wenn Michael Noack aber die Kombination aus Langostinos, Hawaii-Salz und rosa Grapefruits auftischt, begreift man schnell, dass die vielleicht spannendste Küche am Niederrhein nirgendwo anders gekocht wird als hier – ausgerechnet von einem, der nicht vom Niederrhein stammt.

SANDWICH MIT PULPO

und Safrangemüse

Zutaten für 4 Personen

1 Pulpo (ca. 1,2 – 1,8 kg)
1 Baguette zum Fertigbacken
5 Tomaten
2 Kartoffeln
2 rote Paprika
1 Knolle Fenchel
2 g Safran
½ Flasche Weißwein
1 Dose Tomaten (750 ml)
1 Glas schwarze Oliven
1 Bund Basilikum
1 Bund Thymian
1 Knolle junger Knoblauch
1 Zwiebel
Olivenöl
Meersalz
Zucker
Pfeffer
Zitrone
Mineralwasser

Zubereitung

Den Pulpo säubern, in vier gleich große Teile schneiden und dabei den Mund entfernen, in einem großen Topf anbraten, den halben Fenchel, ein Viertel Paprika, die klein geschnittene Zwiebel und den grob zerteilten Knoblauch hinzufügen und kurz mit anschwitzen. Den Pulpo-Ansatz mit einer ½ Flasche Weißwein ablöschen, die Dosentomaten dazugeben und soviel Wasser darauf gießen, bis der Pulpo bedeckt ist. Den Fond mit Meersalz, Pfeffer, einer Prise Zucker, Thymian und Basilikum abschmecken (um die Kochzeit zu verkürzen, legt man echte Weinkorken in den fertigen Ansatz und lässt ihn ca. 1 Stunde leicht köcheln).
Die restlichen Tomaten, die Paprika und die Kartoffeln klein schneiden und mit reichlich Olivenöl anschwitzen. Mit Meersalz, Zucker und Safran würzen, dazu einen Basilikum- und einen Thymianzweig mit hineinlegen und einen kleinen Schuss Mineralwasser dazugießen, damit das Ganze nicht anbrennt. Den

Topf mit einem Deckel schließen, damit alles im eigenen Saft und Aroma ca. ½ Stunde schmoren kann.
Den restlichen Fenchel fein hobeln, mit Olivenöl, Zitrone und Meersalz würzen, leicht kneten und beiseite stellen.
Das Baguette halbieren, mit Olivenöl beträufeln und im Ofen die Hälften goldgelb backen. In der Zwischenzeit den fertig gegarten Pulpo in einer Pfanne scharf anbraten. Das Safrangemüse zerstampfen. Dabei darauf achten, dass es nicht zu feucht gerät (sonst läuft alles vom Sandwichboden herunter). Das zerstampfte Safrangemüse als erste Schicht auf das Sandwich geben.
Das Sandwich mit dem gebratenen Pulpo, den Oliven und dem marinierten Fenchel belegen. Mit einigen Basilikumblättern garnieren und eine dünn geschnittene Tomate oben auflegen.

GEBACKENER
LANGOSTINO
mit rosa Grapefruit,
Himalayasalz und Olivenöl

Zutaten für vier Personen

4 Langostinos
4 Grapefruits, filetiert
Grapefruitsaft, 100 g Zucker
ein paar Basilikumblätter
weißer Peffer
Mondamin
Muscuvadozucker
Himalayasalz
3 Eiweiß
Chinese Bread Crumbs
mildes Olivenöl und 1 Limone

Zubereitung

Leichten Karamell für die Grapefruits kochen (ca. 100 Gramm Zucker auf 4 Grapefruits), mit Grapefruitsaft ablöschen und auf ¼ einreduzieren lassen. Nach der Hälfte des Verkochens Basilikumblätter hinzufügen und mit weißem Pfeffer aus der Mühle abschmecken. Eingekochten Grapefruitfond mit Mondamin abbinden und über die fertigen Grapefruitfilets geben. Mit Muscuvadozucker und Himalayasalz abschmecken.

Langustinos ausbrechen und entdarmen. Mit Himalayasalz und Limone würzen. Langostinos in aufgeschlagenem Eiweiß und danach in Chinese Bread Crumbs wälzen. Ca. 30 Sekunden bei 170° C frittieren. Olivenöl kurz vor dem Servieren mit dem Himalayasalz über die Langostinos geben.

Die Südfranzosen sagen „Faire une regalido", wenn sie ein gemütliches Beisammensein mit regionalen Leckereien und dem einen oder anderen Glas Wein meinen. „Regalido" klingt nach Mittelmeer und Olivenöl, nach Pastis und Provence. Und genau dort lernte Tobias Hammes vor vielen Jahren die französische Küche kennen. Im Anschluss an die Grundausbildung in der Grevenbroicher *Traube* zog es den gebürtigen Niederrheiner ins Nachbarland. Ein Jahr verbrachte Hammes in Les Baux, einem der schönsten und meistbesuchten Orte der Provence, ein weiteres Jahr lernte er in einem der bekanntesten Gourmettempel von Paris, dem berühmten *Taillevent*, die klassische Küche kennen. Den Abschluss seiner Tour de France bildete eine Verpflichtung in der Bourgogne. „Dort war die Küche sehr aromenstark", erinnert sich Hammes, „in Paris dagegen sehr aristokratisch." Aber warum das Ganze? Hätte es nicht genügt, in Düsseldorf oder Köln zu arbeiten? „Ich wollte schon als Kind nach Frankreich gehen", sagt

Hammes, „schon mein Vater hatte Camargue-Pferde."

Zur Gänze bleiben in der Grande Nation – das war dann aber doch nicht das Ziel des Tobias Hammes. Der Niederrhein lockte, und in Meerbusch fanden sich Räumlichkeiten, die zur kleinen provenzalischen Dependance ausgebaut wurden. In einer ruhigen Seitenstraße in Strümp ist aber heute alles da, was einen französischen Landgasthof ausmacht – ein elegantes Restaurant, in dem nur wenige Tische verfügbar sind, pastellfarbene Stoffe, eine Terrasse hinter dem Haus, die sich zum Naherholungsziel der Düsseldorfer entwickelt hat und natürlich das Bistro samt angeschlossenem Delikatessengeschäft. Mittags lässt Hammes dort Ziegenkäse oder Lasagne servieren, abends geht es im Gourmetrestaurant ein bisschen aufwendiger, aber immer leicht und aromatisch zu. Kräuter und Gewürze spielen eine große Rolle beim Pan Bagnat mit Sardinen und Mesclun, bei der Cremesuppe von jungen Erbsen mit Speckschaum, bei der Dorade mit

Artischocken und Artischockenschaum. Die Produkte, in einer kleinen, überschaubaren Küche zubereitet, stammen oft aus Frankreich, in der Saison natürlich auch aus der Region. Die Liebe zum französischen Süden, die macht sich zum guten Schluss auch beim Dessert bemerkbar – und bei den Weinen. Champagner vom Kultwinzer Agrapart? Ein Banyuls der Domaine de la Rectorie? Manuela Bertl, die Restaurantleiterin und Sommelière, sucht immer nach Ausgefallenem und hat für die Gäste auch die passende schluckweise Empfehlung zu jedem Gang parat. Um den Führerschein sorgen muss sich hier auch niemand, selbst wenn er mit ganzen Flaschen feiert: Das *Regalido* arbeitet mit einem Shuttleservice zusammen, und die Heimfahrt kostet weniger als ein Glas Cognac oder Calvados. Ach ja: Ein guter Digestif, anderswo aus der Mode gekommen, gehört hier oft auch dazu – wie beim echten Regalido in Avignon, Les Baux oder Marseille.

PAN BAGNAT
von der Sardine mit eingelegter Paprika

Zutaten für 4 Personen
8 frische Sardinen
je 2 gelbe, rote und orange Paprika
500 ml Wasser
250 ml Essig (milde Sorte mit Honig,
z. B. Melfor)
100 g Zucker
1 Rosmarinstängel
1 Thymianstängel
3 Schalotten
1 Knoblauchzehe
2 TL Pimenton dulce
(spanisches Paprikapulver, mild geräuchert)
8 Scheiben Focaccia, Ciabatta oder Toastbrot
Olivenöl, Meersalz
schwarzer Pfeffer
Zitronensaft
gemischter Salat mit Kräutern
(zum Marinieren Weckgläser besorgen)

Zubereitung
Einlegen der Paprika
Die Paprika in kleine Würfel schneiden
(Abschnitte aufheben für die Paprikasauce).
Wasser, Essig und Zucker gemeinsam mit
Thymian und Rosmarin bis zur Hälfte einre-
duzieren lassen, Paprikawürfel in den heißen
Sud einlegen, in Weckgläser füllen und 24,
besser noch 48 Stunden darin marinieren.

Zubereitung des Pan Bagnats
Die aufgehobenen Paprikaabschnitte in
Olivenöl anschwenken, Schalotten, Knoblauchzehe und Pimenton dulce dazugeben
und alles köcheln lassen, bis es weich ist
(Achtung, die Masse sollte keine Farbe
annehmen). Dann alles zusammen zu einer
sämigen Sauce pürieren.
Die Sardinen vorsichtig entschuppen und
filetieren, mit Olivenöl, Meersalz und Pfeffer
würzen.
Die Brotscheiben rösten, mit Olivenöl
bestreichen, den Salat darauf verteilen und
pro Person zwei Sardinenfilets darauf
arrangieren. Mit den eingelegten Paprika-
würfeln und der Paprikasauce garnieren.

Tobias Hammes

KALBSKARREE
mit rheinischem Stielmus

Zutaten für 4 Personen
2 schöne Kalbskarrees, à 180 – 200 g
200 g durchwachsenen Speck
etwas Rosmarin
1 Knoblauchzehe
4 EL Öl
(Sonnenblumen-
oder Erdnussöl)
100 g Butter
Petersilie
4 Bund Stielmus
500 g Kartoffeln
(festkochend)
3 Zwiebeln
1,5 l Gemüsefond
Salz
Pfeffer
Muskatnuss

Zubereitung
Stielmus waschen und in Streifen schneiden. Kartoffeln
und Zwiebeln schälen und in Würfel schneiden. Speck
in Würfel schneiden. In einem großen Topf die Zwiebeln mit dem Speck glasig anschwenken, Kartoffeln
dazugeben, mit Gemüsefond aufgießen und köcheln
lassen. Kurz bevor die Kartoffeln gar sind, die Stielmus-
Streifen dazugeben und alles zusammen gar kochen.
Mit Pfeffer, Muskatnuss und eventuell Salz (vorsichtig,
da schon salziger Speck enthalten ist!) abschmecken.
Im bei 180° C vorgeheizten Backofen die rohen, unge-
würzten Kalbskarrées 6 – 7 Minuten garen lassen. In
der Zwischenzeit eine Pfanne aufstellen, Öl und Butter
hineingeben und bräunen lassen, bis eine Nussbutter
entsteht. Die Knoblauchzehe (ganz) und die Rosmarinstängel dazugeben.
Die Karrees aus dem Ofen nehmen, salzen und pfeffern und von allen Seiten in der Nussbutter nachbraten.
Aus der Pfanne nehmen und in Scheiben schneiden.
Das Stielmus-Gemüse auf den Tellern anrichten, die
Kalbskarree-Scheiben darauf legen und ein wenig mit
der Nussbutter beträufeln.

Im *Haus Meer* wird französisch gekocht. Patron Olivier Macé stammt schließlich aus dem Land, das die große Küche erfunden hat, und er gibt die Richtung vor. Flammkuchen auf Gourmet-Art stehen also auf dem Programm des Landgasthofs in Meerbusch, die Froschschenkel werden mit reichlich Knoblauch aromatisiert, und die Foie gras ist selbstverständlich hausgemacht und wird nach Wunsch mit einem Glas seidig-süßen Monbazillacs serviert. Wer an den Holztischen des Restaurants Platz nimmt, kann sich schnell davon überzeugen, dass Küchenchef Jörg Busch die Cuisine française in Perfektion beherrscht.

Eigentlich überraschend für einen, der nicht im Quartier Latin von Paris, sondern im Dunstkreis der Düsseldorfer Königsallee aufgewachsen ist. Jahrelang machte er sich mit deutscher und internationaler Küche vertraut, lernt alles über Pasta und die Grande Cuisine und vom kleinen Bistro bis zum großen Hotel sämtliche Bereiche der hiesigen Gastronomie kennen. Ja, und dann ging Jörg Busch, zur Vervollständigung seiner Kenntnisse, in einen ganz anderen Teil der Welt. „Ich war zwei Jahre lang in Japan", erzählt der seit Januar 2010 amtierende Küchenchef von *Haus Meer*. In Tokio erfuhr Busch, wie man die aus Reis, Wasabi, Fisch und anderen Zutaten geformten Sushi auf die richtige Weise rollt, wie man Sashimi akkurat anrichtet und Tempura so ausbackt, dass die Teigkruste noch knusprig und die Füllung noch knackig ist.

Sushi und Co. stehen zwar nicht auf der Speisekarte des *Haus Meer*, doch das bedeutet keineswegs, dass sie nicht zu haben wären. Auf Vorbestellung, fürs Catering oder eine Gesellschaft im Haus bereiten Jörg Busch und sein Team Maki und Nigiri Sushi zu und präparieren, falls gewünscht, die passenden Tafelschmuckstücke – der Chef ist schließlich auch offizieller Eisschnitzmeister. Übrigens passen Sushi als Vor- und französische Gerichte als Hauptspeise besser zusammen, als man auf den ersten Eindruck vermuten würde. Auf Lammkarree und Bouillabaisse könnte abschließend noch eine Süßigkeit wie die klassische Crème brûlée (mit knuspriger Karamellschicht) oder ein Flammkuchen mit Äpfeln und Honig folgen. Oder etwas, das Jörg Busch besonders gut beherrscht: die Kombination aus süßen und pikanten Ingredienzien, wie beim „Flower Power" aus Mango und Roquefort oder beim Flammkuchen mit Birne und Blauschimmelkäse. Ob man das noch als typisch französische Küche bezeichnen kann, lässt sich diskutieren. Aber Jörg Busch liebt ohnehin alles, was sich aus den verschiedenen Traditionen der Welt zusammenbasteln lässt. „Cross-over-Küche ist mir am liebsten", sagt der weitgereiste Chef.

CRÈME BAVAROISE
von der Rheinischen Blutwurst mit Scampi und Karotten-Ingwer-Salat

Zutaten für 3 Personen
3 Scampi (Größe 8/12)
Chili
Knoblauch
Olivenöl

Crème bavaroise
200 g Blutwurst
2 Schalotten
½ Knolle frischer Knoblauch
Olivenöl, Salz
etwas Senf
Zucker
Rosmarin
500 ml Sahne
4 EL Rotwein
4 EL Jus

Karotten-Ingwer-Salat
1 große Möhre
1 kleines Stück Ingwerwurzel
½ Zitrone
Sesamöl
Salz
Zitronenpfeffer
etwas Zucker

Zubereitung
Schalotten und Knoblauch fein würfeln, mit dem fein gehackten Rosmarin in etwas Olivenöl anschwitzen, die Blutwurst kurz mitschwenken, Senf und Zucker zugeben, mit Rotwein und Jus ablöschen. Heiße Sahne zugeben. Alles zusammen pürieren. In Portions-förmchen füllen und fest werden lassen.

Für den Karotten-Ingwer-Salat die Möhre in feine Streifen schneiden, Ingwer fein würfeln. Zucker leicht karamellisieren, mit dem Saft einer halben Zitrone ablöschen, vom Feuer nehmen, leicht abkühlen lassen, mit Salz, Ingwer, Zitronenpfeffer und Sesamöl vermi-schen. Die Möhren marinieren, durchziehen lassen.
Scampi mit etwas Chili und fein gehacktem Knoblauch in Olivenöl anbraten. Zusammen mit der gestürzten Crème und dem Salat servieren.

FLOWER POWER
von Mango und Roquefort

Zutaten für 3 Personen

250 ml Mangopüree
1 Eigelb
1 TL Zucker
250 ml Sahne
2 x 2 Blatt Gelatine
4 cl Triple Sec (Orangenlikör)

Roquefortcreme

100 g Sauerrahm
Knoblauch
Salz, Pfeffer, Zucker
¼ l Sahne
150 g Roquefort
Rosenblätter zum Dekorieren

Zubereitung

Eigelb mit Zucker warm aufschlagen, die eingeweichte Gelatine zugeben. Leicht abkühlen lassen. Orangenlikör, Mangopüree zugeben, gut verrühren. Zum Schluss die geschlagene Sahne vorsichtig unterheben und erkalten lassen. Für die Roquefortcreme Sauerrahm mit Roquefort und dem Knoblauch pürieren. Die eingeweichte und ausgedrückte Gelatine zugeben und gut mixen, so dass sich keine Klümpchen bilden. Die geschlagene Sahne vorsichtig unterheben. Beide Massen übereinander in Portionsförmchen schichten, für wenigstens 2 Stunden in den Kühlschrank stellen.

Jörg Busch

MIT ALLEN
SEINEN TIEFEN SEINEN HÖHEN
ROLL ICH DAS LEBEN AB VOR DEINEM BLICK
WENN DU DAS GROSSE SPIEL DER WELT GESEHEN
SO KEHRST DU REICHER IN DICH SELBST ZURÜCK

Duisburger Theater

Duisburg, aber mit Konsequenz

Hanns Dieter Hüsch, der Niederrheiner par excellence, stammte zwar nicht aus Duisburg, aber aus dem nahen Moers. Er wusste wie kein anderer, was die Menschen zwischen Rhein und Maas denken, dass sie ihre Gefühle manchmal hinter harter Schale verbergen und dass sie mit dem Thema Essen und Trinken ernsthaft umgehen – und bodenständig sind. In Duisburg schämt sich keiner, mittags an der Bude eine Currywurst zu bestellen und ein paar Stunden später bei einem der Spitzenköche einzukehren. Dirk Brendel oder Altmeister Theo Friederichs, Nachwuchsstars wie Gregor Schuber oder Quereinsteiger wie Manfred Altgaßen gehören zusammen mit erfolgreichen Restaurant- und Cateringunternehmern wie Frank Schwarz zu den besten Kochkünstlern am Niederrhein, bleiben aber bescheiden. Hummer und Trüffel, warum nicht, allerdings nie so,

dass es protzig wirken würde. Und die heimischen Produkte, die haben eh die Oberhand – nicht nur die Weichtiere aus der Schneckenzucht in Moers, der Geburtsstadt des Kabarettisten Hanns Dieter Hüsch.

Stauwehr in Duisburg-Kaßlerfeld

Rheinufer in Duisburg–Baerl

Er habe strenge Lehrmeister gehabt, berichtet *inside*-Küchenchef Gregor Schuber und erzählt von den harten, aber erfahrungsreichen Anfangsjahren am Herd. Von Dienstzeiten, die manchmal morgens in der Frühe begannen und erst spät in der Nacht endeten – unterbrochen allein von wenigen freien Stunden am Nachmittag. Von Sonderwünschen, Missgeschicken und von spannenden Aufgaben. Auch von der unendlichen Routine beim Schälen und Putzen von Gemüse hat Schuber eine Menge zu erzählen, und dass er nie den einfachen Weg ging, erfährt man rasch. Im *Schloss Hugenpoet* verdiente sich der gebürtige Düsseldorfer, der am Niederrhein aufwuchs, seine ersten Sporen, lernte die klassische Küche von der Pike auf kennen und erfuhr, wie auch große Veranstaltungen ein Erfolg werden. Später wurde es auch nicht einfacher, aber dafür immer interessanter. Im Düsseldorfer *Schiffchen* schnupperte Gregor Schuber in die Geheimnisse eines Drei-Sterne-Restaurants hinein, und im Hamburger *Atlantic*

sowie im *Breidenbacher Hof* in Düsseldorf rundete er seine Aus- und Fortbildung schließlich auf dem Niveau luxuriöser Fünf-Sterne-Hotels ab – das profunde Wissen um die richtigen Kombinationen von Wein und Speisen, das sich Gregor Schuber im *Fischer's* in Köln erwarb, sei nur am Rande erwähnt. Zum Schluss waren alle Voraussetzungen vorhanden, um das Restaurant im Duisburger Casino zum Erfolg zu führen. Fehlt noch etwas? Ja natürlich – der Aufenthalt in Singapur, die asiatischen Märkte, der Umgang mit scharfen Saucen und Produkten, die man so in Europa nur selten findet.

Zum Glück für die Duisburger passt das *inside* – ein Unternehmen der WestSpiel Casinos – zum Küchenchef und der wiederum perfekt zum Konzept dieses besonderen Restaurants. 2007 zeitgleich mit dem Casino eröffnet, setzt dieses Restaurant ganz und gar auf Kreativität und Ideenreichtum, auf moderne Küche und Einflüsse unterschiedlichster Kochtraditionen. Der gesamte Erfahrungsschatz des Chefs kann

hier einfließen. Eine perfekte und einmalige Symbiose: das lichte, elegante und außergewöhnliche Ambiente des Restaurants und die Ideenvielfalt und das umfassende Wissen des Küchenchefs. Aus der offenen Küche kommen so unterschiedlich akzentuierte Speisen wie ein Carne cruda vom Kalb mit Limone und Pfirsich-Chutney oder eine Entenstopfleber, die mit Ziegenkäse gratiniert wurde. Mal asiatisch, mal mediterran – Kabeljau mit Champagnerschaum oder Saltimbocca vom Zander mit geräuchertem Paprika-Risotto dürfte man am Niederrhein so schnell kein zweites Mal bekommen. Seinen 11 Mitarbeitern ist Gregor Schuber übrigens ebenfalls ein strenger, aber auch ein sehr humaner Lehrmeister, der seine Mitarbeiter fordert und motiviert und stets als Vorbild fungiert. Davon abgesehen: Eine offene Küche, wie sie im *inside* vorhanden ist, verlangt absolute Disziplin, sauberes Arbeiten und einen sehr gemäßigten Umgangston.

DREIERLEI
von der Lachsforelle

Zutaten für 4 Personen

Räucherlachsforellen-Espuma und -Kaviar

2 Lachsforellenfilets (entgrätet)
2 Blatt Gelatine
250 ml Sahne
Saft von einer Zitrone
Salz, Pfeffer
40 g Stör-Kaviar
200 ml Fischfond

Lachsforellen-Gelee

100 ml Fischfond
Haut von der geräucherten Lachsforelle
Salz
1 Blatt Gelatine
1 g Safran

Lachsforelle gebeizt

200 g Lachsforellenfilet mit Haut (entgrätet)
20 g brauner Rohrzucker
10 g Wacholderbeeren
10 g Sternanis
5 g weiße Pfefferkörner
5 g Fenchelsamen
40 g feines Meersalz
5 cl Olivenöl

Gurkenspaghetti

2 Salatgurken
2 EL Weißweinessig
4 EL Traubenkernöl
1 EL gehackter Dill
Salz, Pfeffer,
Zucker

Gebratene Lachsforellen-Filets auf Fond von der roten Knolle

2 Lachsforellenfilets (entgrätet)
300 g Rote Beete
5 g Sternanis
1 Vanillestange
1 Zimtstange
4 Nelken
1 Lorbeerblatt
1 Prise Kümmel
300 ml Orangensaft
20 ml Aceto Balsamico
1 EL Kartoffelstärke, mit Wasser glatt gerührt
Salz, Olivenöl

Zubereitung

Die Haut der Forellenfilets abziehen, um diese später für das Gelee zu benutzen. Die geräucherte Lachsforelle im Fischfond aufkochen, 10 Minuten ziehen lassen. Fischfond mit den Forellenfilets pürieren, durch ein sehr feines Sieb passieren und abkühlen lassen. Die kalte Masse anschließend zusammen mit der Sahne vermengen und mit Salz, Pfeffer und Zitronensaft abschmecken. Nun die Gelatine in kaltem Wasser einweichen, ausdrücken und einen kleinen Teil der Fischmasse zusammen mit der Gelatine erwärmen, bis diese aufgelöst ist. Nun die restliche Masse dazugegeben und erneut durch ein feines Sieb passieren. Diese Lachsforellensahne für den Espuma verwenden.

Für das Gelee Fischfond aufkochen, Haut hineingeben, 10 Minuten ziehen lassen und durch ein Passiertuch passieren. Salz und Safran hinzugeben. 1 Blatt Gelatine in kaltem Wasser einweichen, ausdrücken, zum Fond dazugeben und auflösen lassen. Ein Viertel eines 80-Milliliter-Glases mit dem noch warmen Gelee füllen und anschließend kalt stellen. Zum Servieren das Glas mit dem Lachsforellen-Espuma auffüllen und mit dem Kaviar garnieren.

Für die gebeizte Lachsforelle die Gewürze mit dem Zucker, dem Meersalz und dem Öl mörsern und damit die Lachsforellen von beiden Seiten einstreichen, mit Frischhaltefolie abdecken und ca. 24 Stunden im Kühlschrank beizen. Anschließend den Fisch von der Beize befreien und nach dem Abwaschen trocken tupfen. Bis zum Servieren nochmals mit Frischhaltefolie abdecken und kalt stellen. In dünne Scheiben aufschneiden.

Die Gurken schälen, einmal halbieren und hauchdünn in Juliennes schneiden. Salzen, 5 Minuten ziehen lassen und die entstandene Flüssigkeit abschütten. Danach Essig dazugeben und anschließend mit Zucker, Salz, Pfeffer und Öl abschmecken. Rote Beete waschen, in Salzwasser mit etwas Kümmel weich kochen, kalt abschrecken und pellen. Die gepellte Rote Beete mit dem Orangensaft und den Gewürzen aufkochen lassen und über Nacht im Kühlschrank ziehen lassen. Am nächsten Tag durch ein feines Sieb passieren, die übrig gebliebene Flüssigkeit mit dem Balsamico aufkochen und mit der glatt gerührten Kartoffelstärke leicht abbinden. Am Ende den Fond mit Salz abschmecken. Lachsforellenfilets in schöne, kleine Rauten portionieren, mit etwas Salz würzen und auf der Hautseite glasig braten.

MILCHLAMMKARREE

mit Pinienkernkruste, Madeirajus,
grünem Spargel und souffliertem Kartoffelflan

Zutaten für 4 Personen
2 Milchlammrücken
Olivenöl
Rosmarin, Thymian
Salz, Pfeffer, Muskat
2 Knoblauchzehen

Jus
250 g junge Karotten
200 g Knollensellerie
250 g Schalotten

2 kg klein gehackte Kalbsfleischknochen
2 TL Pflanzenfett
500 ml trockener Rotwein
Wasser
1 Lorbeerblatt
2 Zweige Rosmarin
4 Zweige Thymian
ca. 1 TL weiße Pfefferkörner
4 Wacholderbeeren

Madeirareduktion
2 Schalotten
½ Flasche Madeira
4 Zweige Rosmarin
4 Zweige Thymian
2 Lorbeerblätter
weiße Pfefferkörner
1 knoblauchzehe

Pinienkernkruste
150 g geröstete Pinienkerne
100 g Mie de pain
2 Eigelb, Salz
250 g Butter

Gregor Schuber

Einkochen lassen, bis die ganze Flüssigkeit verkocht ist, diesen Vorgang mit dem Wein in Etappen wiederholen. Nach diesem sanften Garen mit Wasser auffüllen, so dass die Knochen vollständig bedeckt sind. Knoblauch und Pfeffer zugeben, etwa 2 Stunden köcheln lassen. Zwischendurch immer wieder die Trübstoffe und das oben schwimmende Fett abschöpfen. Zum Schluss durch ein mit einem Baumwolltuch ausgelegtes Feinsieb in einen neuen Topf passieren und so lange einkochen lassen, bis die Konsistenz sirupartig ist.

Für die Reduktion Madeira aufkochen, die klein geschnittenen Schalotten und die Kräuter hinzugeben. Das Ganze zu einer sirupartigen Konsistenz einkochen und mithilfe eines feinen Siebes in die vorbereitete Kalbsjus passieren.

Die Butter schaumig schlagen, mit den gerösteten und gemixten Pinienkernen, dem Mie de pain und den Eigelb verrühren und salzen. Die Masse von beiden Seiten in Frischhaltefolie einschlagen und zu einer etwa 5 Zentimeter dicken Platte ausrollen. Die Masse im Kühlschrank kalt stellen und nach ca. 1 Stunde auf die ungefähre Größe der Milchlammcarrés zurechtschneiden.

Für die Charlotte die Spargelspitzen auf ca. 5 Zentimeter schneiden, in Salzwasser blanchieren und in Eiswasser abschrecken. Nun der Länge nach halbieren, den Spitzkohl in Juliennes schneiden, ebenfalls blanchieren und in Eiswasser abschrecken. Den Spitzkohl ausdrücken, mit Crème fraîche vermengen sowie mit Salz, Pfeffer und Muskat abschmecken. Die halbierten Spitzen in eine Ringform mit der Innenseite nach außen ohne Lücken stellen. In die Mitte etwas Spitzkohlmasse geben und den Ring vorsichtig abziehen. Mit blanchierten Schnittlauchstreifen locker zusammenbinden, vorsichtig in einer Sauteuse mit etwas Flüssigkeit, Butter und Salz erhitzten.

Die Kartoffeln waschen, trocken tupfen und auf ein Blech mit Salz ca. 1 Stunde bei 200° C im Heißluftofen backen. Die weichen Kartoffeln pellen und durch eine Presse passieren. Eigelb hinzugeben, vermengen und mit Salz, Pfeffer und Muskat abschmecken. Die Masse auf einem mit Backpapier ausgelegten Blech gleichmäßig verteilen und mit Frischhaltefolie und Aluminiumfolie abdecken. Anschließend bei 80° C im Wasserdampf pochieren. Abkühlen lassen, mit einem Ring ausstechen und mit Parmesan gratinieren.

Spargelcharlotte

2 Bund grüner Spargel
1 Bund Schnittlauch
1 Kopf Spitzkohl
50 g Crème fraîche
Salz, Pfeffer, Muskat
etwas Butter

Kartoffelflan

500 g Kartoffeln
4 Eigelb
125 g Butter
50 g geriebener Parmesan

Zubereitung

Das fertig parierte und zu Koteletts geschnittene Milchlamm mit Salz und Pfeffer würzen und anschließend bei 80° C zusammen mit Knoblauch, Thymian und Rosmarin im Ofen rosa garen. Knochen und Fett für die Sauce verwenden.

Für die Jus Gemüse putzen, schälen und in feine Würfel schneiden. Knoblauch schälen und längs halbieren. Kalbsknochen im erhitzten Öl unter Wenden goldbraun anbraten. Gemüse zugeben und für etwa 5 Minuten leicht karamellisieren lassen. Kräuter zugeben, kurz erhitzen und mit etwas Wein ablöschen.

Der Name ist nicht gelogen. Das *Eich-wäldchen* liegt tatsächlich mitten im Wald und wirbt nicht etwa nur aus Nostalgie- und Marketinggründen mit dem Vorhandensein einiger Bäume … Wer hier einzieht, am abgelegenen Rande von Duisburg, und sogar noch um einiges anspruchsvoller kochen will als in Ausflugslokalen üblich, muss über eine ganze Menge Mut, Selbstvertrauen und Können verfügen. Tatsächlich sind nicht unbedingt die Wanderer das Ziel der Familie Altgaßen – es sind sehr viel eher die Feinschmecker aus Duisburg und der ziemlich weit reichenden Umgebung. Jene also, die extra für ein Mittag- oder Abendessen im *Eichwäldchen* anreisen. „Zufallsgäste kommen eigentlich selten vorbei", sagt Petra Altgaßen, die sich um die Betreuung der Gourmets kümmert, während ihr Mann für einen reibungslosen Ablauf in der Küche sorgt. Den Mut, den hatten Manfred und Petra Altgaßen schon vor Jahren. Sie

übernahmen das Restaurant *Im Eichwäldchen* erst von den Eltern des Küchenchefs und machten es über die Jahre hinweg schließlich zu dem, was es heute ist: eine der besten Adressen in diesem Teil des Niederrheins. Beide sind Quereinsteiger: Manfred Altgaßen studierte Wirtschaftswissenschaften, bevor er begann, sich mit Herd, Kombidämpfer und Patisserie-Werkzeugen vertraut zu machen; Petra Altgaßen vertiefte sich an der Universität zunächst in die Feinheiten der Germanistik und lernte das Tranchieren, das Filetieren und die Weinberatung viel später. „Wir haben erst mal beide mitgearbeitet", erzählt der Chef über die Anfangsjahre, „aber wir haben im Studium gelernt zu lernen." Als das Handwerkszeug erworben war, wurden auch eigene Ideen umgesetzt, und allmählich sprach sich die Adresse herum. Nach drei Jahren kamen dann auch die Tester des Restaurant-Guides Gault Millau auf den Geschmack – und mit ihnen

neue Gäste, die früher nicht auf die Idee gekommen wären, nach Duisburg zu fahren, nun aber mit Leidenschaft einen Tisch im *Eichwäldchen* buchen. „Es hat uns nicht geschadet, dass wir nicht von der Pike auf angefangen haben", resümiert Manfred Altgaßen, „wir hatten die Sicht des Gastes." Die Neugier ist übrigens auch nach Jahren geblieben und der Wille zur weiteren Verbesserung unverkennbar. Vor zwei Jahren wurde das *Bistro Quercus* eröffnet, in dem die Gäste sich auch nur zu einem Glas Wein und einer essbaren Kleinigkeit einfinden können. Selbst für einen Teller Salat oder eine Portion Spargel aber gilt, was Manfred Altgaßen längst als Prinzip des Hauses verinnerlicht hat: Frische Produkte werden auf die allersorgfältigste Art verfeinert und mit einem Lächeln serviert.

FILET VOM IBERICO-SCHWEIN
im Speckmantel mit Zitronen-Kümmelsauce, Bohnenpüree, Keniabohnen und getrockneten Tomaten

Zutaten für 4 Personen
600 g Schweinefilet
8 Scheiben Frühstücksspeck (Bacon)

Farce
100 g Hühnchenfleisch, fein gewürfelt
1 Vollei
40 ml Milch
40 ml Traubenkernöl
2 EL Petersilienblätter, Salz

Sauce
1 Schalotte, Olivenöl
20 ml Weißwein
250 ml Kalbsjus
Saft einer ½ Zitrone
Zesten von ½ Zitrone
25 ml Limettensirup
½ TL Kümmel (ganz)
1 Lorbeerblatt,
10 Pfefferkörner
½ TL Senfsaat
Salz

Bohnenpüree
250 g weiße Bohnen
2 EL Olivenöl, 50 g Butter
1 EL weißer Balsamico, Salz und etwas Milch
250 g Keniabohnen

Tomaten
4 Tomaten

Gewürzknäckebrot
100 g Mehl, Hefe, Salz
¼ TL Brotgewürzmischung

Zubereitung
Öl, Milch, Ei und Petersilie im Kutter fein mixen, Hühnchenfleisch und Salz zugeben und zu einer cremigen Farce cuttern. Schweinefilet sauber parieren, in ca. 140 Gramm schwere Stücke portionieren, Abschnitte für die Sauce aufbewahren. Alufolie auslegen, darauf Frischhaltefolie legen. Pro Portion 2 Scheiben Bacon nebeneinander auf die Folie legen, mit Farce bestreichen, je ein Stück Schweinefilet leicht salzen und auf die Farce legen. Mit der Folie stramm einrollen. Mit 85° C Heißluft 25 Minuten garen.

Für die Sauce die Schalotte würfeln und mit den Fleischabschnitten in Olivenöl anschwitzen. Mit Weißwein ablöschen. Alle übrigen Zutaten zugeben, aufkochen und 1 Stunde ziehen lassen. Durch ein feines Sieb passieren, mit Salz abschmecken und abbinden.

Weiße Bohnen über Nacht in kaltem Wasser einweichen. Bohnen weich kochen und zusammen mit den Zutaten im Mixer zu einer Creme mixen. Durch ein Sieb streichen, nochmals abschmecken. Keniabohnen in Salzwasser blanchieren und in Eiswasser abschrecken. Tomaten häuten, vierteln, entkernen und bei 80° C Heißluft im Ofen 3 Stunden trocknen. Brotzutaten mit Wasser zu einem geschmeidigen Teig kneten. ½ Stunde gehen lassen. Zwischen zwei mit Öl bestrichenen Backpapierseiten hauchdünn ausrollen. Bei 160° C Heißluft ca. 15 – 20 Minuten backen. In grobe Stücke brechen.

ERDBEER-WALDMEISTER-DESSERT

mit Minze

Zutaten für 4 Personen

Erdbeersuppe

150 ml Läuterzucker

100 ml Weißwein

200 ml Wasser

600 g halbierte Erdbeeren

1 Zweig Minze

1 l Erdbeerfond

10 g Tortenguss

Saft von 1 Zitrone

Waldmeistereis

250 ml Milch

250 ml Crème fraîche

2 EL getrockneter Waldmeister

6 Eigelb

150 g Zucker

Waldmeistergelee

100 ml Wasser

100 g Zucker

1 EL getrockneten Waldmeister

Saft von ½ Zitrone

50 ml Waldmeisterlikör

3 Blatt Gelatine

Frühlingsrolle

4 Scheiben Frühlingsrollenteig

8 Erdbeeren

4 Orangenfilets

1 EL Mie de pain vom Brioche

1 TL Mandelblätter

1 TL Amaretto

Öl zum Ausbacken

Erdbeersülze

100 ml roter Portwein

70 ml Rotwein

30 g Zucker

½ Vanilleschote

1 Sternanis

150 ml Erdbeersuppe

4 Blatt Gelatine

10 Erdbeeren

3 Blatt gehackte Minze

Zubereitung

Läuterzucker, Weißwein und Wasser aufkochen. Erdbeeren und Minze zugeben und 1 Stunde ziehen lassen. Durch ein Sieb passieren. Erdbeerfond aufkochen, 10 Gramm Tortenguss einrühren, Saft von 1 Zitrone zugeben, abkühlen. Für das Waldmeistereis Milch, Crème fraîche

Manfred Altgaßen

und Waldmeister aufkochen und 1 Stunde ziehen lassen. Durch ein Sieb passieren. Eigelb mit Zucker schaumig rühren und mit der Milch-Crème-fraîche-Mischung zur Rose abziehen, also bei geringer Hitze und unter ständigem Rühren binden. Abkühlen lassen und in der Eismaschine gefrieren.

Für das Gelee Wasser und Zucker aufkochen, Waldmeister zugeben, 1 Stunde ziehen lassen. Durch ein Sieb passieren. 200 Milliliter Sirup abmessen, Zitronensaft und Likör zugeben, mit der Gelatine in einer eckigen Form gelieren. Früchte würfeln, Frühlingsrollen mit Früchten und den übrigen Zutaten füllen und in Öl

ausbacken. Portwein, Rotwein, Zucker und Vanille auf 80 Milliliter einkochen. Erdbeersuppe unterrühren und eingeweichte Gelatine einrühren. Sobald die Sülze zu gelieren beginnt, fein gewürfelte Erdbeeren und gehackte Minze unterheben und in einer Form gelieren lassen.

Restaurant Im Eichwäldchen · Duisburg

171

Theo Friederichs – aber natürlich! Zumindest die nicht mehr ganz jugendlichen Feinschmecker vom Niederrhein kennen ihn als einen der besten Köche vom Niederrhein. Viele Jahre führte er das Restaurant *La Provence* zu beinah legendärem Ruhm, machte das kleine, feine Lokal in der Duisburger Innenstadt zu einer Adresse, die in allen Restaurantführern mit Ehrfurcht genannt und mit Lob überhäuft wurde. *La Provence*, das war ein von der französischen Küche und den französischen Produkten inspirierter Gourmettempel. Doch irgendwann wollte Theo Friederichs, der gebürtige Duisburger, etwas anderes machen. Er gab das *La Provence* auf, widmete sich dem Familienhotel und erneuerte es vom Erdgeschoss bis zum Dach. Gastronomie gab es zunächst keine. „Ich mache keine halbgaren Sachen", so Friederichs. Doch dann kamen immer mehr Gäste und fragten, wo man denn in der Gegend gut essen könne. „Es entstand eine Eigendynamik", erinnert sich der passionierte Koch – und irgendwann eröffnete er dann doch wieder ein Restaurant. Eines allerdings, das keine Sterne und Hauben anstrebt, keine Ehrungen und Lobeshymnen, sondern das die Gäste mit Bistro-Ambiente begeistern will.

Und plötzlich kamen auch jene Besucher zum unkomplizierten Mittags- oder Abendessen, die früher im *La Provence* wochenlang vor ihrem Erscheinen reserviert und einen Abend dort zelebriert hatten. Sie wissen nur zu gut, weshalb: Im *Bistro NT* geht es zwar weniger formell zu als in vielen Gourmetrestaurants, aber keineswegs weniger anspruchsvoll. Friederichs und seine zum Großteil langjährigen Mitarbeiter legen Wert auf gute Produkte, auf saisonalen Einkauf und auf eine ebenso kurze wie aktuelle Karte. „Seezunge Müllerin" steht auf dem Speiseplan, wenn es gute Seezungen gibt, aber auch eine Rinderroulade mit Möhrengemüse findet Anklang bei der Kundschaft. „Wenn es irgendwie möglich ist, kaufen wir die Produkte ein, die es hier gibt", sagt Hotelier und Gastronom Friederichs. „In Duisburg gibt es Aale, Lachsforellen, Karpfen und Forellen beim Züchter", schwärmt der Koch, „und wenn Sie die holen, die gerade erst aus dem Rauch kommen …"

Schon gut, das Wasser läuft einem ohnehin bereits im Munde zusammen. Allerdings weiß Friederichs, dass gutes Kochen allein nicht genügt. Der Chef ist ständig für seine Gäste da, kennt ihre Vorlieben und plaudert gern über alte und neue Zeiten. Wenn er einen Wein empfiehlt, dann ist das heute kein Château Pétrus mehr, sondern oft ein deutscher Weiß- oder Rotwein, persönlich bei hochklassigen Erzeugern eingekauft. Die teuerste Flasche kostet im *Bistro NT* 80 Euro. Luxus um des Luxus willen ist nicht die Sache des Theo Friederichs. Vielleicht ist das Bistro eigentlich viel, viel mehr als ein Bistro und ist aus diesem Grunde eine der beliebtesten Adressen Duisburgs geworden.

SPARGELNUDELN

mit Frühlingstrüffeln

Zutaten für 4 Personen

1,2 kg weißer Spargel (dicke Stangen)
100 g Butter
20 ml Trüffelöl
ca. 30 g Sommertrüffel (Bianchetti)
2 EL Sahne
Salz
weißer Pfeffer
Zucker
1 kleiner Bund Schnittlauch

Vorbereitung

Spargel sorgfältig schälen und unten abschneiden. Schalen und Abschnitte mit kaltem Wasser, wenig Salz und Zucker einmal kurz aufkochen, 15 Minuten ziehen lassen. Passieren und den Fond auf ¼ Liter langsam einkochen. Den Spargel mit der Spitze zuerst auf der Küchen-Mandoline in Spaghetti-ähnliche Streifen schneiden. Den Trüffel vorsichtig dünn schälen und Schnittlauch in feine Röllchen schneiden.

Zubereitung

Den Fond mit dem Trüffelöl und der Hälfte der Butter versetzen und zum Kochen bringen. Jetzt die Spargelnudeln kurz und al dente kochen, herausnehmen, mit einer Gabel drehen und in tiefen Tellern anrichten. Den Fond mit dem Rest der Butter montieren, abschmecken und etwas davon über den Spargel geben. Schnittlauch darüber streuen und den Trüffel mit dem Hobel obenauf geben.

Bistro NT – Hotel Friederichs • Duisburg

SEETEUFELMEDAILLONS

in Currybutter

Zutaten für 4 Personen

8 Stück sauber parierte Seeteufelmedaillons
Öl zum Braten
Meersalz
Pfeffer aus der Mühle
Kerbelblätter

Currybutter

150 g Wurzelgemüse in Würfeln
½ Gemüsezwiebel in Würfeln
2 Äpfel, geachtelt
100 g Ananasabschnitte
1 Lorbeerblatt, Rosmarinzweig
1 l Fischfond
3 EL Currypulver
(nicht scharf, möglichst gelb)
100 ml Sahne
75 g kalte Butter
Salz, Pfeffer, Zucker, Limettensaft

Gemüse

½ rote Paprika, ½ gelbe Paprika in Streifen
4 Lauchzwiebeln
50 g Shiitakepilze
100 g Sojabohnenkeime
½ entkernte
rote Chilischote
Sojasauce, Sesamöl

Nudeln

200 g Mehl Type 405
2 Eier
50 ml Sepia-Tinte
Prise Salz

Zubereitung

Die Zutaten für die Nudeln zu einem glatten Teig verkneten, 1 Stunde ruhen lassen und dann durch die Nudelmaschine drehen. Wurzelgemüse, Zwiebeln, Äpfel und Ananas mit Lorbeerblatt und Rosmarin in etwas Butter andünsten, den Curry dazugeben und mit dem Fischfond auffüllen. Ca. 45 Minuten köcheln lassen und durch ein feines Tuch passieren. Auf ¼ Liter reduzieren. Lauchzwiebeln schräg in ca. 1 Zentimeter lange Stücke schneiden, Pilze in feine Streifen und die Chilischote fein schneiden. Die Nudeln in stark gesalzenem Wasser kurz kochen. Paprika, Lauchzwiebeln und Chili im Wok mit etwas Sesamöl kurz dünsten, zuletzt die Pilze und die Keime dazugeben, mit Sojasauce würzen. Die Seeteufelmedaillons mit Küchenkrepp gut abtrocknen und in einer beschichteten Pfanne mit sehr wenig Öl heiß braten, mit Meersalz und Pfeffer würzen. Den Curryansatz erhitzen, Sahne und Butter dazugeben und mit dem Mixstab aufschäumen. Mit Salz, Zucker und Limettensaft abschmecken. Alles anrichten und mit Kerbelblättern dekorieren.

| Theo Friederichs

In der Küche des *Brendel* brodelt und brutzelt es, ein zarter, aber unverkennbarer Duft von Rauch und Fleisch liegt in der Luft. Leicht süß und unvergleichlich köstlich. Doch mit dem Hineinbeißen klappt es nicht. „Das ist für eine Abendveranstaltung vorgesehen", sagt Dirk Brendel. Beim Objekt der Begierde handelt es sich um Schweineschulter aus dem riesigen Cactus-Jack-Smoker, der im Garten steht und eine der Attraktionen des Duisburger Restaurants ist: 14 Stunden bei niedrigen Temperaturen wird das Fleisch gegart und so zart, dass man zum Verzehr weder Messer noch Gabel bräuchte. Das massiv gusseiserne Gerät, das jedes Gargut so schonend behandelt, wie es kein konventioneller Grill vermag, ist noch für viele andere Produkte zu gebrauchen. „Im Moment verwende ich gern die Flankenstücke von amerikanischen Rindern", schwärmt Dirk Brendel, „3½ Stunden bei 110 Grad". Da läuft dem Zuhörer schon bei

der Beschreibung das Wasser im Mund zusammen – und bei der Lektüre der Speisekarte erst recht.

Im *Brendel*, das einst „Gasthof Brendel" hieß und immer ein Familienunternehmen war, geht es bodenständig und doch kreativ zu. Ein bisschen Ruhrgebiet, ganz viel Niederrhein und dazu ein Schuss Schwarzwald – die Heimat von Dirk Brendels Frau Elisabeth. „Unsere Weinkarte ist beispielsweise badisch geprägt", sagt der Ur-Duisburger Brendel. Die Froschschenkel kommen aus dem Elsass, und auch ein Flammkuchen gehört zu den Klassikern im Friemersheimer Restaurant. Erstere werden mit Knoblauchschaum verfeinert und in der Restaurantabteilung des *Brendel* serviert, letztere gehören zum Standardprogramm des Bistros, wo alles etwas unkomplizierter zugeht. Die berühmte Currywurst im Kappesmantel, dazu vielleicht hausgemachte Pommes frites mit Erdnusssauce – das ist für Dirk Brendel

keineswegs unter seinem Niveau. Nur gut gemacht muss auch der schnellste Imbiss sein, aus frischen Zutaten und mit Können gewürzt. Dem Guide Michelin ist diese Philosophie eines der begehrten BIP-Zeichen wert.

Das nötige Rüstzeug für die Karriere zwischen Gourmetmenüs und verfeinerter Bistroküche erwarb Dirk Brendel in seinen Lehr- und Wanderjahren – bei Otto Koch im Münchner *Le Gourmet* oder im schweizerischen St. Moritz. Aber noch immer holt er sich Anregungen bei Kollegen, auf den Märkten und bei kreativen Erzeugern. Das Ergebnis solcher Erkundungen könnte ein Flammkuchen auf niederrheinische Art sein (mit Blutwurst, Majoran und Zwiebeln) oder ein Spargelparfait mit Bachsaibling und Limonenkaviar. Vielleicht nicht typisch Duisburg, aber ganz sicher typisch *Brendel*!

BLUTWURSTKNÖDEL

auf Ärpel mit Schlaat

Zutaten für 4 Personen

1 kg Blutwurst

2 Schalotten, fein gewürfelt

½ Apfel, geschält und fein gewürfelt

Paniermehl

Mehl

Eiweiß

Semmelwürfel

Frittierfett

Kartoffelpüree

Endiviensalat

Zwiebeln

Sonnenblumenöl

Kräuteressig

Salz

Pfeffer

Zucker

Zubereitung

Die Blutwurst aus dem Darm streichen und in einer Schüssel unter Wasserdampf auflösen. Die Schalotten und die Äpfel zugeben und mit Paniermehl binden, so dass eine formbare Masse entsteht. Die so entstandenen Kugeln durch Mehl rollen, anschließend durch das Eiweiß ziehen und in den Semmelwürfeln ausrollen. Die Knödel in ausreichend Frittierfett bei 180° C ca. 3 Minuten ausbacken. Den Endiviensalat mit Zwiebeln, Essig, Öl und Gewürzen anmachen und, nicht zu nass, in das warme Kartoffelpüree geben. Kurz erhitzen und sofort anrichten.

Brendel • Duisburg-Friemersheim

177

GESMOKTE RINDERFLANKE
mit Steinpilzen, Dicken Bohnen und Paprikasud

Zutaten für 4 Personen

1,5 kg Rinderflanke (oder US-Flag-Stück)

2 EL Meersalz

2 TL Cayennepfeffer

3 TL Paprikapulver

1 TL Fenchelsamen

1 TL Koriandersamen

2 TL brauner Zucker

1 TL Senfpulver

2 TL Zwiebelpulver

½ TL Bohnenkraut

1 Msp Kreuzkümmel

1 TL Thymian

½ TL Pfeffer, weiß

½ TL schwarzer Pfeffer

1 Lorbeerblatt

Paprikasud

500 g rote Spitzpaprika

Meersalz

schwarzer Pfeffer

2 g Xanthan

Steinpilze

200 g Steinpilze

1 Schalotte fein gewürfelt

1 EL Butter

½ Knoblauchzehe

1 TL gehackte Petersilie,

Salz

Pfeffer

Dicke Bohnen

100 g Dicke Bohnen

aus der Schale „gedoppt"

1 EL Butter

½ TL Bohnenkraut, gehackt

Salz

Pfeffer

| Dirk Brendel

Zubereitung

Alle Gewürze im Mörser fein mahlen (die Mischung hält sich gut verschlossen mehrere Monate). Das Flankenstück mit der Gewürzmischung einreiben und zugedeckt im Kühlschrank über Nacht beizen lassen. Im Smoker bei 120° C, am besten mit Kirschholz, im Rauch ca. 4 Stunden garen lassen. Herausnehmen und auf dem heißen Grill nochmals einige Minuten von beiden Seiten garen. In Alufolie wickeln und 20 Minuten an einem warmen Ort ruhen lassen.

Die roten Spitzpaprika in einem Entsafter vollständig entsaften. Den Fond aufkochen lassen und mit Meersalz und schwarzem Pfeffer abschmecken. Ca. 15 Minuten reduzieren lassen und mit Xanthan aufmixen. Heiß in einen tieferen Teller gießen.

Die Steinpilze putzen und in Form bringen. Butter in eine heiße Pfanne geben und sofort die Pilze hinzufügen. Schalotte und Knoblauch unterrühren. Mit Salz und Pfeffer würzen und zum Schluss die gehackte Petersilie zugeben. Die gedoppten Bohnen in Butter und Bohnenkraut erwärmen und abschmecken. Als Beilage kann man eine Kartoffelwaffel reichen.

Mit umfangreichen Veranstaltungen und vielen Mahlzeiten kennen sie sich aus, der Gastronom Frank Schwarz und der Küchendirektor Peter Röttinger. „Bei den World Games haben wir 72.000 Essen serviert", erzählt Frank Schwarz, der trotz aller beruflicher Erfolge das geblieben ist, was er immer war: ein bodenständiger Duisburger.

Aufgewachsen ist er in Meiderich, im Schatten der Eisenhütte, mit dem Kiosk seiner Eltern und mit der Currywurst. Vom Büdchen am Eck ging es für Schwarz dann in die Fleischerei des Viertels – eine Metzgerlehre an der Basis. „Da hat die Oma Brümmelkamp noch bestellt", erinnert sich der Inhaber der *Frank Schwarz Gastro Group*. An die echten Duisburger denkt Frank Schwarz auch heute noch als erstes. „Mir liegen besonders die vielen Privatkunden am Herzen." Seine Catering-Offerten beinhalten deshalb auch viele regionale Produkte; der Fleischermeister Schwarz serviert nichts lieber

als Deftiges mit viel Eigengeschmack. „Eine Lehrmeisterin hat mal zu mir gesagt: ‚Mal ist Zeit für Hummerkrabbe und mal für Erbsensuppe.'"

Im *Restaurant Zollhaus* beweisen Schwarz und sein Küchendirektor Peter Röttinger, dass auch Fastfood anspruchsvoll sein kann – und bei den Caterings wird die regionale Küche neu interpretiert, vorzugsweise mit Zutaten, die aus der näheren Umgebung stammen. Das Team aus Duisburg ist immer auf der Suche nach dem besten Spargel, hat längst herausbekommen, wo die niederrheinischen Hochlandrinder gezüchtet werden oder wie schmackhaft die Schnecken aus Moers sind: Der Vergleich mit gewöhnlicher Dosenware schärft Geschmack und Blick.

Mit internationalen Produkten arbeiten Frank Schwarz, Peter Röttinger und ihre Küchenbrigade allerdings ebenfalls. Flusskrebse und Atlantikfisch, Wild oder Hummer: Das Catering-Unter

nehmen beliefert Veranstaltungen in Cannes oder München, in Paris oder Birmingham. „Wir kochen auch in Dubai", sagt Frank Schwarz. Die Qualitätsprinzipien sind überall streng, egal ob am Niederrhein, in Südfrankreich oder auf der arabischen Halbinsel: Die teilweise vorgefertigten Waren, die in den hochmodernen Produktionsküchen am Großmarkt entstehen, werden nicht eingefroren, sondern mit Stickstoff auf besonders schonende Weise konserviert. Die Freihafen-Currywurst mit hausgemachter Currysauce muss allerdings gar nicht konserviert werden, denn im *Zollhaus* kommt diese Delikatesse immer frisch auf den Teller. Ein echter Duisburger braucht nur wenige Minuten, um diesen Ruhrort-Klassiker bis zum letzten Bissen zu verzehren – und dass Frank Schwarz eine essbare Kindheitserinnerung wie diese jemals aufgeben könnte, ist äußerst unwahrscheinlich.

Zutaten für 6 Personen

1 Bund Kerbel
1 Bund Sauerampfer
1 Bund Brunnenkresse
1 Bund Löwenzahn
1 Bund Brennnessel
1 Bund Estragon
6 Kapuzinerkresseblüten
1 Fenchelknolle
12 Spargelspitzen, gekocht
240 g Flusskrebsschwänze,
gegart
6 Flusskrebse, ganz, als Garnitur
30 ml weißer Balsamico
10 ml frischer Orangensaft
20 ml gutes Sonnenblumenöl
Salz
Pfeffer
Zucker
Puderzucker
2 EL Blütenhonig

Zubereitung

Kräuter ganz kurz waschen und vorsichtig mit einem Tuch trocken tupfen. Die Kräuter in gleich große Stücke zupfen und beiseite stellen. Fenchel waschen, die oberen Enden abschneiden und die Knolle in dünne Scheiben schneiden. Auf ein Backblech legen, mit Puderzucker bestreuen und bei ca. 110° C kross karamellisieren.
Orangensaft, Balsamico, Salz, Öl, Pfeffer und Honig in einer Schüssel zur Vinaigrette verrühren. Mit einem kleinen Teil der Vinaigrette die Flusskrebsschwänze und die Spargelspitzen marinieren. Die Kräuter vorsichtig mischen und auf einem Teller anrichten, mit ein wenig Vinaigrette beträufeln, die Flusskrebsschwänze mit den Spargelspitzen dazugeben. Den ganzen Flusskrebs anlegen und mit dem karamellisierten Fenchel dekorieren.

SALAT VON HEIMISCHEN WILDKRÄUTERN
mit Flusskrebsschwänzen, Spargelspitzen in Orangenvinaigrette und karamellisiertem Fenchel

Restaurant Zollhaus • Duisburg

KABELJAU IN WEISSBURGUNDER-
TOGARASHI-SAHNE GESCHMORT

auf Linsendal mit frittiertem Sommergemüse

Zutaten für 6 Personen

Kabeljau

1000 g Kabeljaufilet
200 ml Weißburgunder
200 g Sahne
100 g Butter
1 Msp Togarashi-Pfeffer
(japanische Pfeffermischung)
Salz, Muskat
Mehl

Linsendal

400 g Linsen, eingeweicht
2 Schalotten, gewürfelt
50 g Butter
250 ml Gemüsebrühe
1 Lauchzwiebel, gewürfelt

1 Möhre, gewürfelt
200 g Kartoffeln, gewürfelt
Salz, Pfeffer
Orangenabrieb

Sommergemüse

50 g Karottenstreifen
50 g Kohlrabistreifen
20 g Lauchstreifen
20 g Knollenselleriestreifen
20 g Wirsing
Salz, Chilifäden

Zubereitung

Kabeljau waschen, trocken tupfen, mit Salz würzen und in Mehl wenden. Butter in einer Pfanne schmelzen, den Fisch von beiden Seiten anbraten, ohne ihm die Farbe zu nehmen. Mit dem Weißburgunder ablöschen, mit Sahne auffüllen und den Fisch bei schwacher Hitze fertig garen. Mit Togarashi-Pfeffer, und Muskat würzen.

Für den Linsendal Schalotten in einem Topf mit der Butter glasig anschwitzen, Linsen mit dem Einweichwasser zugeben und ca. 30 Minuten kochen lassen, die Gemüsebrühe, Kartoffeln, Lauchzwiebeln und Möhrenwürfel zufügen und nochmals für 10 Minuten leicht kochen lassen. Mit Salz und Pfeffer und etwas Orangenabrieb würzen.

Die Gemüsestreifen und den Wirsing der Reihe nach frittieren und etwas salzen.

Alles anrichten, mit Chilifäden garnieren und servieren.

Frank Schwarz und Peter Röttinger

Restaurant Zollhaus • Duisburg

Die alte Bahnstation am See, die kannte Tobias Bähner schon in seiner Kindheit. Aufgewachsen ist der Duisburger Koch schließlich ganz in der Nähe, und schon früh grübelte er darüber nach, was man alles aus der Kneipe, die damals hier existierte, machen könnte. „Ich habe dem Inhaber gesagt, dass er mich anrufen soll, falls er keine Lust mehr hat", erinnert sich Bähner. In der Zwischenzeit war er allerdings nicht untätig. Der Sohn eines Apothekers begann die Lehre zum Hotelkaufmann und ging zur Fortbildung an den Tegernsee. „Dort habe ich gemerkt, dass mir die Arbeit in der Küche am meisten Spaß machte", erinnert sich Bähner. Auf die eine Lehre ließ er also eine zweite folgen, die zum Koch, und nahm aus dem bekannten *Hotel*

Bachmair am See in Rottach-Egern nicht nur vertiefte Küchenkenntnisse, sondern auch seine aus Passau stammende Frau mit an den Niederrhein. Irgendwann war es dann so weit: Der eine See-Gastronom ging in den Ruhestand, der andere übernahm das Geschäft und machte sich daran, seine Ideen und alle Ambitionen umzusetzen. Binnen weniger Jahre wurde aus dem 1899 erbauten Bahnhof ein Ausflugsrestaurant der sehr gehobenen Art. Mittags nennt eine Bistrokarte Tagesempfehlungen, die Radfahrer machen auf ein Krüstchenschnitzel oder einen Flammkuchen Halt oder ordern frische Salate. Abends geht es meist aufwendiger zu, anspruchsvoll, was die Produkte angeht, aber vollkommen unkompliziert. „Es gibt immer frischen Fisch, der am

Tisch filetiert wird", erläutert der Chef. Niederrheinische Einflüsse wetteifern mit internationalen. Den Sauerbraten, den serviert man auch im *Bähner's* – ein bisschen anders als anderswo, mit Kuvertüre, Rosinen, Rotwein und als Ragout. „Das Spiel zwischen Rotweinessig und einem Hauch von Schokolade ist hochinteressant", sagt Küchenchef Tobias Bähner, dessen Augen zu blitzen scheinen, wenn er über Rezepte, Kombinationen und Kreationen spricht. Die Entscheidung, nicht Hotelkaufmann, sondern Koch zu werden, scheint die richtige gewesen zu sein.

DUETT VON FLUSSZANDER UND BLUTWURST
im Bierteig auf einem Endivien-Untereinander und violetter Senfsauce

Zutaten für 4 Personen
4 Zanderfilets à ca. 150 g
4 Scheiben Blutwurst (fingerdick)
Butter zum Braten
Saluz, Pfeffer, Mehl

Bierteig
125 g Mehl
2 Eigelb
125 ml Bier
Salz

Endivien
500 g Kartoffeln
½ Kopf Endiviensalat
1 Zwiebel
weißer Balsamico-Essig
Öl
Salz, Pfeffer
Muskat
Butter, Milch

Senfsauce
2 EL violetter Senf
2 Schalotten
50 ml Portwein
50 ml Rotwein
150 ml Gemüsefond
2 EL Crème fraîche
2 EL Sahne
Salz, Pfeffer

Zubereitung
Für den Bierteig alle Zutaten gut miteinander verrühren und für 20 Minuten im Kühlschrank ruhen lassen.
Für die Sauce die Schalotte schälen, klein schneiden und in ein wenig Butter anschwitzen. Mit Wein und Port ablöschen, Flüssigkeit fast völlig einkochen. Fond zugießen und auf die Hälfte der ursprünglichen Menge einkochen. Crème fraîche, Sahne und Senf einrühren. Masse mixen und durch ein Sieb passieren.

Mit Salz und weißem Pfeffer abschmecken.
Für das Endivien-Untereinander die Kartoffeln schälen, waschen, vierteln und in Salzwasser gar kochen (ca. 15 - 20 Minuten). In der Zwischenzeit die Zwiebel schälen, klein hacken, Strunk entfernen, Salat waschen und in Streifen schneiden. Kartoffeln stampfen, mit Milch, Butter, Salz und Muskat abschmecken, gehackte Zwiebel und geschnittenen Endiviensalat hinzugeben. Öl, Essig und Pfeffer (am besten frisch gemahlen) hinzugeben und alles kräftig durchmischen.
Zanderfilets mit Salz und Pfeffer würzen, die Hautseite leicht mehlieren und in eine Pfanne mit Butter legen, zuerst auf der Hautseite. Hitze langsam steigern und die Filets kross braten. Nach ca. 4 Minuten wenden und warm stellen. Mehlierte Blutwurst durch den vorbereiteten Bierteig ziehen und im 175° C heißen Fett ausbacken.

GESCHMORTE KANINCHENKEULE

in einer Barolo-Jus mit Pfifferlingsrisotto und confierten Cherrystrauchtomaten

Zutaten für 4 Personen

4 Kaninchenkeulen à ca. 200 g

150 g Wurzelgemüse, in Würfel geschnitten

1 EL Tomatenmark

80 ml Rotwein (möglichst Barolo)

30 ml Olivenöl

1 Knoblauchzehe, ganz

300 ml Wasser

Rosmarin, Thymian

8 Pfefferkörner

½ TL Kümmel

Salz, Pfeffer

1 EL Speisestärke (für die Bindung der Sauce)

Confierte Tomaten

20 kleine Cherry-Strauchtomaten mit Grün

brauner Zucker, Olivenöl, Thymian, Salz

Risotto

1 Tasse Risottoreis

100 ml Weißwein

2 Schalotten, gewürfelt

1 Tomate, gewürfelt

4 EL Olivenöl

400 – 500 ml Gemüsebrühe

1 Klacks Butter

30 g geriebener Parmesan

Salz, Pfeffer

300 g geputzte Pfifferlinge

Petersilie

Zubereitung

Die Kaninchenkeulen gut abwaschen, abtrocknen und die beiden Enden der Keulen 1 Zentimeter weit mit einen Hackmesser abtrennen. In einem Schmortopf das Öl erhitzen, die Keulen salzen und pfeffern und im heißen Öl rundum mit den Keulenenden anbraten und kurz beiseite stellen. Wurzelgemüse in diesem Öl etwas anrösten, das Tomatenmark beigeben und kurz mitrösten. Mit dem Rotwein ablöschen, einreduzieren, mit dem Wasser aufgießen und aufkochen lassen. Keulen und Abschnitte in einen Topf legen, die Knoblauchzehe und die Gewürze dazugeben und zugedeckt im Ofen bei 160° C oder auf kleiner Gasflamme ca. 40 Minuten schmoren. Die geschmorten Kaninchenkeulen aus dem Topf nehmen, in Alufolie einwickeln und warm stellen.

Sauce

Den Fond auf die Hälfte einkochen lassen, durch ein Spitzsieb abseihen und mit der in kaltem Wasser aufgelösten Stärke leicht abbinden (Sauce muss kochen). Mit Salz und Pfeffer abschmecken.

Tobias Bähner

Risotto

Die Schalotten in Olivenöl anschwitzen, den Reis dazugeben und ebenfalls leicht anschwitzen lassen. Mit Weißwein ablöschen, dann nach und nach mit heißer Gemüsebrühe auffüllen. Dabei ständig rühren. Ca. 15 bis 20 Minuten köcheln lassen, bis der Reis schon gut gequollen ist, aber immer noch Biss hat. Die Pfifferlinge in ein wenig Olivenöl oder Butterschmalz separat anbraten und dann zum Risotto geben. Die Tomatenwürfel ebenfalls unterheben. Mit Salz und Pfeffer abschmecken, geriebenen Käse und Butter unterrühren. Mit klein geschnittener Petersilie bestreuen.

Confierte Tomaten

Cherrytomaten in eine ofenfeste Form geben. Dann mit Olivenöl beträufeln, braunen Zucker und etwas Salz darüber streuen und mit frischen Thymianzweigen belegen. Für ca. 2 Stunden bei 130° C in den Backofen geben.

Geheiratet hat Detlev Hufschmidt schon in einem Alter, in dem andere erst einmal den Zug durch die große, weite Welt planen. Ein paar Monate in St. Moritz, ein halbes Jahr in London, vielleicht noch eine Saison auf einem Kreuzfahrtschiff. Nicht, dass den Niederrheiner Hufschmidt das nicht gereizt hätte, aber mit Frau und Kindern war die weite Kochwelt nicht mehr von so großer Bedeutung. Lieber Niederrhein, lieber ein altes Haus, das bis heute in jeder freien Stunde renoviert wird, also ein Feierabendjob mit Säge, Zange und Lot. Soll niemand behaupten, dass sich der Koch aus Moers nur für Messer und Schöpflöffel interessieren würde.

Zum Glück fanden sich zwei, welche die Gastronomie in Moers und am ganzen Niederrhein geprägt haben. Michael Kurlbaum, leidenschaftlicher Gastronom und ein Spezialist im Umgang mit Feinschmeckern, sowie der eher zurückhaltende und still vor sich hin tüftelnde Detlev Hufschmidt. „Seit 20 Jahren bin ich jetzt

im *Restaurant Kurlbaum* tätig", sagt der Koch, der erst eine Weile dem Küchenchef zuarbeitete und dann selbst die Spitzenposition übernahm. So viel Konstanz ist selten in der gehobenen Restaurantszene, und sie muss auch keineswegs in Routine ausarten, wenn man das Ganze nicht als lästige Pflicht, sondern als tägliche Herausforderung begreift. Und das ist sie ohne Zweifel im eleganten Restaurant in der Burgstraße, wo auf zwei Ebenen ein genießerisches Flair herrscht, wo die Stammkunden unten im Bistrobereich eine Kleinigkeit schlemmen oder oben Spezialitäten bestellen, die von Hufschmidts Leidenschaft für herausragende Produkte aus aller Welt zeugen. Einen Hummer kombiniert der Koch vielleicht mit einem mild-würzigen Orangensud, den Kabeljau reicht er womöglich unter der Senf-Brioche-Kruste, und zur Jakobsmuschel könnte es sogar einen Erdbeersalat geben. Sein Lieblingsprodukt? Die Antwort darauf fällt Hufschmidt schwer. „Es ist vor allem die Saisonalität, die mich fasziniert; im

Winter sind Schwarzwurzeln ganz toll und im Sommer vollreife Tomaten oder hiesige Erdbeeren. Es müssen nicht immer ausgefallene Produkte sein." Ein besonderes Faible für Gemüse ist jedenfalls nicht zu übersehen: Immer wird im *Kurlbaum* ein vegetarisches Menü angeboten.

Und was macht der Nachwuchs? Die Herderfahrung der fünf Hufschmidt'schen Sprösslinge beschränkt sich ganz auf den privaten Bereich. „Noch hat keiner den Beruf des Kochs anvisiert", sagt Detlev Hufschmidt. Vielleicht sind es ja die Arbeitszeiten in der Gastronomie, die abschrecken. Aber davon abgesehen ist es schön zu beobachten, wie die schon teilweise erwachsenen Kinder ihren beruflichen Werdegang planen. Detlev Hufschmidt kennt alle Nachteile und Mühen seines Berufs. Etwas anderes zu tun, als seine Gäste mit immer neuen Kreationen zu begeistern, könnte er sich trotzdem kaum vorstellen.

IN WALDMEISTER GEDÄMPFTES STEINBUTTRÖLLCHEN
mit Kräuterbrioche und Schalotten-Himbeer-Confit

Zutaten für 4 Personen

1 Kräuterbrioche
2 EL Butter zum Braten
2 Bund Waldmeister
ca. 500 g Sushi-Reis (mit Waldmeister und
Limetten gekocht – Würzzutaten nach dem
Kochen wieder herausnehmen)
½ l Fischfond
Gemüse für gedünstetes Gemüse
Weißweinsauce

Schalotten-Himbeer-Confit

8 Schalotten
1 Stück Ingwer
3 EL Olivenöl
1 Lorbeerblatt
2 Pimentkörner
2 EL Himbeeressig
2 EL Zucker
30 g Himbeeren

Steinbutt

600 g Steinbuttfilet
Salz, weißer Pfeffer
3 Reisblätter

Vorbereitung

Aus Mehl, warmer Milch, Hefe, Butter, Eigelb
und vielen gehackten Kräutern eine Brioche
backen und auskühlen lassen. Frischen Waldmeister (von Anfang bis Mitte Mai erhältlich)
waschen, trocken tupfen und ausgebreitet
über Nacht anwelken lassen – nur so entfaltet
er sein Aroma. Dann weiter verwenden oder
portionsweise einfrieren. Reis kochen. Verschiedene Gemüse in Streifen schneiden und
dünsten. Eine Weißweinsauce kochen.

Zubereitung

Schalotten und Ingwer in feine Würfel schneiden. Öl in einem Topf erhitzen und die Schalottenwürfel darin glasig anschwitzen. Den
Ingwer dazugeben. Gewürze dazugeben und
mitdünsten. Mit dem Essig ablöschen, Zucker
und Himbeeren dazugeben und ca. 10 Minuten
köcheln lassen. Eventuell mit etwas angerührter
Maisstärke binden.
Fisch in 2 Zentimeter breite Streifen schneiden.
Mit Salz und weißem Pfeffer würzen. Die Reisblätter kurz in kaltem Wasser einweichen, bis
sie elastisch sind. Sushi-Reis dünn darauf

verteilen. Auf jedes Blatt 2 – 3 Streifen Steinbuttfilet legen und das Ganze zu festen Rollen formen. Die Rollen 1 Stunde auskühlen lassen, dann
in 2,5 Zentimeter dicke Scheiben schneiden und
je 3 – 4 Scheiben auf Bambusspieße stecken.
Spieße nebeneinander in einen Bambusdämpfer
setzen.
Fischfond aufkochen, 1 Bund Waldmeister
dazugeben und die Temperatur reduzieren.
Dann den Bambusdämpfer darauf setzen und
den Fisch 10 – 15 Minuten dämpfen. Vom Topf
nehmen und bis zum Anrichten ruhen lassen.
In der Zwischenzeit die Brioche in Rechtecke
von ca. 5 mal 12 Zentimter Länge schneiden.
Die Briochescheiben in Butter goldgelb anbraten und anschließend im Backofen leicht
nachtoasten.
Zum Anrichten Briochescheiben auf Teller
setzen. Gemüse darauf verteilen und die
Steinbuttspieße darauf setzen. Himbeerconfit
erwärmen und daneben anrichten. Dazu eine
Weißweinsauce reichen.

ZITRONENTHYMIAN-SCHOKOKÜCHLEIN

mit gratiniertem Safranbaiser und Holunderblüten-Aprikosenkompott

Zutaten für 4 Personen

Holunderblüten-Aprikosenkompott

30 g Butter

30 g brauner Zucker

2 EL Weißwein

1 Vanilleschote

1 Zimtstange

450 g Aprikosen

100 ml Holunderblütensud (aus 300 ml Wasser,

8 großen Holunderblüten und 1 EL Zucker)

1 cl Aprikosenbrand

Zitronenthymian-Schokoküchlein

3 Eier

60 g Zucker

2 Zweige Zitronenthymian (gezupft und fein gehackt)

150 g dunkle Kuvertüre

130 g Butter (ebenfalls geschmolzen)

40 g Mehl

Safranbaiser

2 Eiweiß

60 g Puderzucker

1 Msp Safranpulver

Zubereitung

Butter in einem Topf erwärmen, Zucker dazugeben, aufschäumen lassen, mit Wein ablöschen. Vanilleschote längs halbieren, das Mark auskratzen, beides mit zur Butter geben und mit etwas Holunderblütensud ablöschen. Aprikosen (zuvor entkernt und geviertelt) in den Topf geben und nicht zu weich fertig dünsten. Nach und nach den Holunderblütensud dazugeben. Zum Schluss mit dem Aprikosenbrand abrunden. Kompott in eine Schüssel füllen und abkühlen lassen.
Für die Küchlein Eier mit Zucker und Zitronenthymian warm und kalt aufschlagen. Kuvertüre schmelzen und mit der Butter unter die Eimasse rühren. Mehl darauf sieben und unterheben. Die Masse bis 1 Zentimeter unter den Rand in gebutterte Auflaufförmchen füllen und bei 200° C 4 – 5 Minuten vorbacken. In der Zwischenzeit den Safranbaiser zubereiten.
Eiweiß mit Puderzucker und Safranpulver zu einem nicht zu festen Eischnee aufschlagen. Jeweils 2 Esslöffel auf jeden Kuchen geben und für weitere ca. 2 Minuten weiter backen oder kurz gratinieren. Der Kuchen darf in der Mitte einen halbflüssigen Kern behalten. Die Küchlein in ihren Förmchen auf Teller setzen, Kompott dazugeben und servieren. Dazu passt gut ein Vanille- oder Mandeleis.

| Detlev Hufschmidt

Abenddämmerung am Niederrhein

Der Norden und die Weite

M an muss bloß hinaustreten aus dem Restaurant *Op de Poort* in Rees, muss sich ans Rheinufer stellen und erkennt sofort, was den Charakter des niederrheinischen Nordens ausmacht. Es ist die Weite der Landschaft, es sind die Kopfsteinpflaster der kleinen Städte, es sind die Uferpromenaden und Gärten, die in sich ruhenden Innenstädte von Xanten oder Kevelaer. Wenn sich die Köche hier nach getaner Arbeit auf Rad schwingen und einige Runden drehen, müssen sie kaum Steigungen befürchten, werden vielmehr inspiriert von dem, was die heimische Landwirtschaft zu bieten hat. Kein Wunder, dass sich viele Auswärtige wohl fühlen: Ein Pfälzer sorgt in Hünxe, ein Hamburger in Oberhausen für kulinarische Paukenschläge. Die geborenen Niederrheiner gehen dagegen selten in die Ferne. Sind sie zu lange weg von Kleve oder Hamminkeln, packt sie das Heimweh nach dem frisch gebackenen Apfelkuchen vom Bauernhof, dem Schinken aus der Dingdener Heide oder nach Genuss-Events wie dem Xantener Spezialitätenmarkt.

Rheinblick von der Terrasse des Restaurants *Op de Poort* in Rees

Archäologischer Park Xanten

Pferdekoppel bei Kleve

Wie nennt man seine Spitzen-Pizza, wenn man aus Neapel stammt und die Gäste am Niederrhein mit einem Augenzwinkern begeistern will? Na klar: Pizza Mafia. Leicht scharf ist der knusprige Teigfladen, mit dessen Rezept Lorenzo Gashi die kritische Jury des Pizzawettbewerbs der italienischen Gastronomen in Deutschland überzeugen konnte, knusprig und üppig mit Paprika, Salami, Schinken und Thunfisch belegt. So gut, dass der Pizzabäcker aus Kevelaer den ersten Hauptpreis gewann, und allemal so lecker, dass angeblich auch die Beamten der örtlichen Polizei gern mal Pizza Mafia bestellen, wenn sie bei den Gashis einkehren.

Wenn man Lorenzo Gashi bei der Arbeit zusieht, versteht man rasch, dass Pizzaiolo ein Beruf für Könner ist. Einen gescheiten Teig herzustellen, ist die eine Herausforderung; ihn mit kunstvoll kreisenden Bewegungen, mit Schwüngen und genau dosierten Würfen so

hinzubekommen, dass er die richtige Konsistenz aufweist, ist die andere. Fehlen nur noch der richtige Ofen, die perfekte Temperatur und die Zutaten, an denen zu sparen ein Riesenfehler wäre. Frischer Rucola und italienisches Olivenöl, originaler Mozzarella oder duftende Basilikumblätter. Wer nicht weiß, welche Pizza er bestellen soll, lässt sich einfach von Lorenzos Bruder Bledi beraten: Der verantwortet den Service und weiß genau einzuschätzen, welche Sorte zu welchem Gast passt. (Welche zu den Nonnen des benachbarten Klarissenklosters passt, die hin und wieder von der Pizzeria versorgt werden, wird nicht verraten.)

Apropos Familie. Der ganze aus Neapel stammende, aber schon viele Jahre am Niederrhein lebende Gashi-Clan arbeitet am Erfolgsrezept *Trattoria La Piazza*. Mamma Giuska ist für alles verantwortlich, was essbar ist, aber nichts mit Pizzen zu tun hat: vor allem natürlich für die selbst gemachte Pasta, die mit selbst ge-

machtem Sugo serviert wird. Für frischen Fisch und gegrilltes Fleisch. Für die selbst gemachte Tiramisu und all die anderen Süßigkeiten. Und für die Feiern, die hier regelmäßig veranstaltet werden und zu denen kommt, wer Rang und Namen hat am Niederrhein. Nur die Weine, die sind nicht selbst gemacht, sondern werden zugekauft in Apulien, Kampanien oder der Toskana. Für manche Dinge ist Italien eben doch besser geeignet als der Niederrhein. Aber die Pizza, die dürfte man auch in Napoli kaum in besserer Güte verspeisen können als hier. Haben wir vergessen, den Papa zu erwähnen? Natürlich – der arbeitet, wie der dritte Bruder Dennis, ebenfalls mit am Gesamtkunstwerk des italienischen Ristorante in Kevelaer. Und so, wie er aussieht, isst er jeden Tag mindestens zwei der herrlichen Pizzen aus eigener Produktion, ergänzt um so manchen Teller dampfender Pasta. Kein Mensch könnte es ihm verdenken.

Lorenzo & Giuska Gashi

SPAGHETTINI AGLIO

Olio e Peperoncino
mit frischem Basilikumpesto

Zutaten für 4 Personen

ca. 500 g Spaghettini (z. B. Barilla Nr. 3)
2 Zehen frischer Knoblauch
Peperoncini nach Geschmack
Olivenöl extra vergine (wenn möglich aus der ersten Pressung)
Meersalz
Pfeffer aus der Mühle
2 – 3 EL Basilikumpesto (fertig gekauft oder aus Basilikum, Olivenöl, Pinienkernen, Salz und Parmigiano Reggiano selbst hergestellt)

Zubereitung

In feine Scheiben geschnittenen Knoblauch mit dem Öl in der Pfanne erhitzen (wichtig ist, dass der Knoblauch nicht ins heiße Öl hineingegeben wird, da er sonst an Geschmack verliert). Danach die klein geschnittenen Peperoncini zugeben, mit Meersalz und etwas Pfeffer würzen. Nachdem die Spaghettini in kaltem Wasser abgeschreckt wurden, mit etwas Wasser in die Pfanne geben. Nach 2 bis 3 Minuten (dabei immer wieder schwenken) den frischen Pesto zugeben. Alles gut untermischen. Dazu passen gegrillte Riesengarnelen (Gamberoni).

PIZZA PARMA
mit Rucola

Zutaten für 4 Pizzen
1 kg Mehl Type 405
500 ml Wasser
Hefe
2 Prisen Salz
8 EL Olivenöl
etwas Zucker

Belag
Mozzarella
Tomatensauce
Parmaschinken
Parmigiano
Rucola
Cherrytomaten

Zubereitung
Mehl mit Wasser, Hefe (nach Bedarf, je nachdem, ob
der Teig schnell aufgehen soll oder nicht), Salz, etwas
Zucker und Olivenöl verkneten. Beiseite legen. Nach
ca. 45 Minuten den Teig ausrollen und mit Mozzarella
sowie Tomatensauce belegen. Den Backofen auf die
höchstmögliche Gradzahl vorheizen. Pizza hineingeben
und nach Wunsch backen.
Wenn die Pizza aus dem Ofen genommen wurde, mit
frischem Rucola, Parmaschinken, frischen Cherrytomaten
und geriebenem Parmigiano belegen.

Lorenzo & Giuska Gashi

ichael Klaus Holzum bringt von seinen Auslandsreisen gern das eine oder andere Souvenir mit. Ein paar rare Gewürze, bisher kaum bekannte Kräuter – oder neue Ideen. Und so kommt es, dass auch am Niederrhein während der regelmäßigen Aktionswochen thailändisch gekocht wird, ein bisschen nach französischen, italienischen oder gar afrikanischen Traditionen. Nicht zu intensiv freilich, nicht immer in den originalen Schärfegraden, aber doch so, dass die echten Reeser und die für ein paar Stunden Zugereisten gleichermaßen verblüfft und begeistert sind. „Das ist schon authentisch", betont der Küchenchef.

Tatsächlich, es hat sich vieles verändert in dem Restaurant am Flussufer, das niederrheinischer kaum heißen könnte, aber einiges ist zum Glück auch genauso geblieben, wie es vor Jahren schon war. Der Name des Hauses erinnert noch immer an das Rheintor, das lange unverwechselbar zum alten Stadtkern von Rees

gehörte, aber im Zweiten Weltkrieg zerstört wurde. In den 1970er Jahren führte Großmutter Mia das damalige Hotel Rheinblick noch als reines Ausflugslokal, in dem sich die Wanderer und Radfahrer bei einem Bier erfrischen konnten, doch schon ihr Sohn Theo erweiterte das Angebot. 1981 wurde die renovierte Gastwirtschaft als Restaurant *Op de Poort* eröffnet, und dank des Engagements der ganzen Familie, dank der umsichtigen Gästebetreuung durch Waltraud Holzum machte sich der Betrieb einen Namen bei den Liebhabern gehobener bürgerlicher Küche.

Michael Klaus Holzum führt das Unternehmen fort und bewahrt, bei aller Lust am Experimentieren, die niederrheinische Tradition. Auf der Rheinterrasse sitzen am Nachmittag die Gäste und belassen es selten bei einem einzigen Stück vom hausgebackenen Kuchen. Mittags und abends serviert der Chef seine Spezialitäten, die zwischen Regionalem und Kreativem pendeln. Sauerbraten ist häufig im Angebot, und

den Spargel serviert man hier erst dann, wenn man ihn beim Bauern ums Eck direkt vom Hof holen kann. Rechnet man dann noch hinzu, dass ausschließlich Fleisch aus artgerechter Haltung serviert wird und die Menüs mit der Jahreszeit wechseln, kommt man rasch zu der Erkenntnis, dass sich die Reise in diesen Winkel des Niederrheins lohnt und man garantiert einige kulinarische Erinnerungen mit nach Hause nehmen kann.

Apropos mitnehmen. Von einer Reise in die Schweiz hat Michael Klaus Holzum einst seine Frau Helene mit an den Niederrhein gebracht. Die gebürtige Bernerin hat sich längst eingelebt in die flache Landschaft und vermisst die Berge ihrer Heimat nur hin und wieder. Käsefondue und Raclette spielen zwar im *Op de Poort* keine Rolle, aber die Leidenschaft für Schokolade und feinste Desserts, die hier unverkennbar ist, könnte auch von der schweizerischen Schokoladentradition beeinflusst worden sein …

GEDÜNSTETES LACHSFILET

an schwarzen Nudeln in weißer Trüffelsauce

Zutaten für 4 Personen

600 g sauber pariertes Lachsfilet
200 g schwarze Nudeln
4 Butterflocken
4 Estragonzweige
1 Zitrone
Salz, gemahlener weißer Pfeffer

Sauce

1 geschälte, gewürfelte Schalotte
100 ml trockener Weißwein
30 g Butter
6 ml Trüffelöl
200 ml Sahne
1 Prise Zucker
Salz
gemahlener weißer Pfeffer

Vorbereitung

Den Lachs mit Küchenkrepp trocken tupfen, in 4 gleichmäßig große Stücke schneiden und mit etwas Zitrone, Salz und Pfeffer würzen. Je einen gewaschenen Estragonzweig auf den Lachs legen und mit Butterflöckchen belegen. Die Lachsstücke in einen Topf legen, mit Deckel gut verschließen und ohne Kochen ca. 7 Minuten dünsten.

Die Nudeln in kochendem Wasser al dente kochen und anschließend mit kaltem Wasser abschrecken.

Zubereitung der Sauce

Die Schalottenwürfel in einem Topf in der Butter glasig anschwitzen. Mit dem Weißwein ablöschen und auf ein Viertel einreduzieren lassen. Mit der Sahne auffüllen, das Trüffelöl zugeben und mit etwas Salz, Pfeffer und einer Prise Zucker abschmecken.

Die Nudeln in der Trüffelsauce erwärmen.

Servieren

Zu dieser Vorspeise passen gut: Zucchini, Zuckerschoten, Spargel oder gebratene Zwergtomaten.

MOUSSE AU CHOCOLAT
gebacken

Zutaten für 6 – 8 Personen
260 g dunkle Kuvertüre
260 g Butter
6 Eigelb
125 g Zucker
¼ EL Weizenstärke
2 cl Kaffeelikör von Keuck
8 cl Rum, 40 %
1 Prise Salz
175 g Mehl
6 Eiweiß
100 g Zucker

Zubereitung
Kuvertüre und Butter schmelzen lassen. Eigelb mit
Zucker, Stärke, Kaffeelikör und Rum kalt aufschlagen.
Salz und Mehl unterheben.
Eigelbmasse unter die Schokoladenmasse ziehen,
erkalten lassen. Eiweiß mit Zucker steif schlagen und
unter die Masse ziehen. Bei 150° C ca. 30 – 40 Minuten
im Wasserbad backen.

| Michael Klaus Holzum

Die gastronomische Kultur des Niederrheins lebt nicht nur von den Köchen, die alltäglich zwischen Herd, Backofen und Kombidämpfer ihr Handwerk verrichten. Auch die Wirte tragen einiges dazu bei, das flache Land in eine Genussregion zu verwandeln. Wolfgang Büttinghaus ist einer dieser leidenschaftlichen Gastronomen, der die Rheinberger und viele andere Niederrheiner mit ideenreicher, unkonventioneller Gastfreundschaft beeindruckt. Und mit einem Einblick in die große weite Welt. Im *Château d'Orsay* wird spanisch, mediterran und südamerikanisch gekocht, Köchin Anna Carus stammt aus Sardinien, die langjährige peruanische Mitarbeiterin Irma Macharé verrät Geheimnisse aus den Küchen ihrer Heimat. So viele spannende Ingredienzien addieren sich zu einem Restaurant, wie es so schnell kein zweites Mal existiert. Dass niederrheinische Klassiker hier keine Rolle spielen, ist zu verschmerzen angesichts des selbstgebackenen Brotes, der in Serranoschinken eingewickelten Datteln aus dem Backofen oder des Fischeintopfs namens Zarzuela. Hausspezialität ist allerdings, neben den Froschschenkeln, die klassische Paella, die in der Pfanne für zwei Personen zubereitet wird – mit allem, was so dazugehört: Reis und Safran, Hühnchen, Fischfilet und Meeresfrüchte. „Es ist gar nicht so einfach, eine gute Paella zu finden", berichtet Patron Büttinghaus von seinen eigenen Erfahrungen als Gast. Der Rheinberger ist schließlich ein Quereinsteiger in die Gastronomie und hat die Essbranche zuvor jahrelang von der anderen Seite der Theke aus erlebt. Er weiß also ganz genau, was man falsch machen kann – und wie man spanische, peruanische oder italienische Spezialitäten, wie man Bacalao oder Ceviche so hinbekommt, dass die Gäste wiederkehren. So viel Unkompliziertheit, Engagement und Neugier haben sich herumgesprochen. Bei Wolfgang Büttinghaus kehren also auch viele Künstler auf ein Glas Wein oder ein ganzes Menü ein, sofern sie nicht gleich ihre Bilder im *Château d'Orsay* ausstellen. Nicht selten erklingt im Restaurant Pianomusik – der Chef spielt selbst seine neoklassizistischen Kompositionen –, und Tipps für eine Besichtigungstour durchs Festungsstädtchen Orsoy bekommen die Gäste auch gleich mit auf den Heimweg. Wolfgang Büttinghaus kümmert sich wie ein Vater um seine Kunden, verrät die Zutaten für Tapas, Crema catalana oder Paella und trägt mit seiner offenen Art viel dazu bei, den Niederrhein noch mehr zu einer Genussregion zu machen – sofern die Steigerung überhaupt möglich ist …

TAPAS MARINERA
à la Château

Zutaten für 1 Person (als Hauptgang)
für 2 Personen (als Vorspeise)

100 ml Olivenöl

3 Riesengarnelen mit Schale (Wildfang)

3 Grünschalmuscheln

5 Venusmuscheln

200 g vorbereitete, enthäutete sowie gedünstete Tintenfischarme, in Streifen geschnitten

etwas Wein

Olivenöl

Fischspieß bestehend aus Meeresfisch, Garnelen, Tomate und Sepia

6 Meeresgarnelen ohne Schale

20 g Salatmischung

Salatdressing: Essig, Öl, Pfeffer und Salz

1 Chilischote

Pfeffer,

Salz

Thymian

4 Knoblauchzehen

Zubereitung

Riesengarnelen, Grünschalmuscheln und Venusmuscheln mit etwas Wein und den beiden geschälten und zerkleinerten Knoblauchzehen in der Pfanne erhitzen. Vorbereitete Tintenfischstücke in Olivenöl mit Knoblauch, Chili, Pfeffer und Salz separat in einer Pfanne erhitzen.

Garnelen und den Fischspieß in einer separaten Pfanne zubereiten und mit Pfeffer, Salz und Thymian würzen. Den Salat mit dem Dressing anmachen. Alles zusammen servieren.

Château d'Orsay • Rheinberg-Orsoy

PAELLA MEDITERRAN
à la Château

Zutaten für 2 Personen

100 ml Olivenöl
6 Riesengarnelen (Wildfang)
250 g Tintenfisch
150 g Hühnerfiletstreifen
2 Tomaten, in Stücke geschnitten
250 g Möhren, Erbsen, Zwiebeln, Paprika (zerkleinert)
1 Knoblauchzehe, in Streifen geschnitten
500 g Reis
150 g Grünschalmuscheln
150 g Venusmuscheln
100 g Seefisch
250 ml Fischbrühe, abgeschmeckt mit Salz und Pfeffer
250 ml Gemüsefond
Salz, Pfeffer
2 g Safranpulver
1 Schuss Weißwein

Zubereitung

Olivenöl in der Paellapfanne leicht erhitzen, anschließend
die Hühnerfiletstreifen, alle Muscheln, den Tintenfisch
und die Garnelen leicht anbraten, mit Weißwein
ablöschen. Anschließend alles, bis auf den Sud und die
Venusmuscheln, aus der Pfanne nehmen. Das vorbereitete Gemüse und den Reis in die Pfanne geben, die
vorbereitete Fischbrühe mit dem Safran darübergießen
und alles in der Pfanne ca. 8 Minuten bei hoher
Temperatur, mit einem Glasdeckel abgedeckt, kochen.
Sobald sich die Venusmuscheln geöffnet haben, das
Hühnerfleisch, den Tintenfisch, die Grünschalmuscheln
und die Garnelen in die Pfanne geben und alles noch
ca. 10 Minuten köcheln lassen, bis der Reis gar ist.

Wolfgang Büttinghaus

Château d'Orsay • Rheinberg-Orsoy

Nicht, dass die Lehrjahre ein Zucker-schlecken gewesen wären. Aber Andreas Scholz hat eine Menge gelernt, damals in Oberhausen. Wie man einen frischen Fond ansetzt. Wie eine perfekte Sauce Hollandaise zubereitet wird. Oder wie man Garnituren bereitet, die schon in uralten Lehrbüchern standen. Vor allem aber hat er, auch später während seiner Zeit im berühmten Schloss-restaurant *Hugenpoet*, viel über Fisch erfahren. „Den muss man einfach anders behandeln als ein Steak", sagt der Patron des Xantener *Hotels Hövelmann*. „Vorsichtig wenden und nicht klatschen, mit Gefühl, um die zarten Fasern nur ja nicht zu zerstören. Und sorgfältig, aber nicht übertrieben mit Salz, Pfeffer und anderen Gewürzen behandeln."

Wer das Talent für den Fisch hat, der serviert ihn natürlich immer wieder gern und begeistert auch seine Kunden für die Meeres- oder Seebewohner. Andreas Scholz hat in allen Stationen seiner Laufbahn gern Steinbutt und Seezunge verarbeitet, mit Forellen, Muscheln und Krustentieren getüftelt. Als Küchenchef im *Parkhotel Krefelder Hof*, einer der ersten Adressen am Niederrhein, danach als Inhaber des alteingesessenen *Hotels Hövelmann* in der Römerstadt Xanten. Die heimischen Fische haben es ihm besonders angetan, vor allem Saibling oder Forelle, die Scholz zum Großteil aus der Nachbarschaft bezieht. Doch es sind auch immer wieder Meeresfische, die frisch angeliefert werden in der Küche am Xantener Markt. „Seeteufel ist ein tolles Produkt", seufzt Scholz, der in der wohl historischsten Stadt am Niederrhein nicht daran denkt, nach den Sternen zu greifen. „Das ist hier keine große Oper", sagt er über seinen eigenen Küchenstil, „eher ein Musical." Elegant, frisch und ohne die sowohl aus Xanten stammenden als auch aus den Niederlanden für ein genussreiches Wochenende anreisenden Kunden zu überfordern.

Überraschungen sind gleichwohl inklusive bei einem Besuch in den gemütlichen Gasträumen oder auf der Traumterrasse. Niederrheinische Küche, ja klar, aber auch die Kombination von mediterranen Rezepten und lokalen Zutaten beherrscht Scholz. Sogar deftig darf es schmecken im Hövelmann, nur nicht nachlässig oder anspruchslos sein – und niemals ohne Produkte aus dem Wasser. Dass mal gar kein Fisch auf der Speisekarte steht, ist für Andreas Scholz einfach unvorstellbar. Die berüchtigte Würzsauce der alten Römer allerdings, das aus fermentierten Fischen hergestellte, extrem salzig-intensive Garum, hat er nicht im Angebot. Angesichts der Sorgfalt, mit der hier gekocht wird, ist dieses Manko eigentlich ein Glücksfall.

SEETEUFELFILET IN SERRANO
auf Ratatouille mit Mojo verde

Zutaten für 4 Personen

400 g Seeteufelfilet
4 Scheiben Serranoschinken
Rosmarin
Olivenöl

Ratatouille

1 rote Zwiebel
1 Zucchini
1 Aubergine
1 gelbe Paprika
Salz
Pfeffer
Olivenöl
ca. 2 cl weißer Balsamico
1 Knoblauchzehe

Mojo verde

3 Bund Koriander
3 Bund Blattpetersilie
1 grüne Paprika
4 Knoblauchzehen
2 TL Salz
1 TL zerstoßener Pfeffer
100 ml Rotweinessig
100 ml Olivenöl

Zubereitung

Seeteufelfilets ungewürzt in den Schinken einrollen. In einer Pfanne Olivenöl erhitzen und die Filets von allen Seiten heiß anbraten. Einen Strauß Rosmarin zugeben und zugedeckt auf der ausgeschalteten Platte ruhen lassen.
Für das Ratatouille Zwiebel, Paprika, Zucchini und Aubergine in feine Brunoise schneiden. (Tipp: Zucchini und Aubergine mit einem grob eingestellten Sparschäler schälen und für dieses Rezept nur die dicken Schalen verwenden. Das Innere anderweitig zubereiten.) Olivenöl erhitzen und die Gemüsebrunoise anschwitzen, Knoblauch dazupressen, salzen und pfeffern. Etwas gehackten Rosmarin zugeben, mit dem Balsamico ablöschen und abkühlen lassen.
Für den Mojo alle Kräuter zupfen, Paprika putzen und grob zerkleinern. Knoblauch schälen und alle Zutaten, bis auf das Öl, in einen Mixer geben. Zum Schluss das Öl langsam untermixen, bis eine mayonnaiseähnliche Masse entsteht. Ratatouille auf einem Teller anrichten, Seeteufel aufschneiden, garnieren und dazu den Mojo servieren.

SONSBECKER FORELLENFILET

auf saurem Rübstielgemüse

Zutaten für 4 Personen

2 Regenbogenforellen à 600 g

1 Zitrone

1 Bund Kerbel

1 Bund Petersilie

1 Bund Rübstiel (Stielmus)

2 Schalotten

200 ml Rinderbrühe

100 g gewürfelter Gelderländer Speck

800 g Kartoffeln

4 cl Weißweinessig

Butter, Pflanzenöl

Salz, Pfeffer, etwas Milch

Zubereitung

Die Forellen mit einem scharfen Messer am Rückrat entlang filetieren. Bauchlappen entfernen und Steckgräten mit einer Pinzette ziehen. Mit Küchenkrepp trocken tupfen. Filets auf ein gebuttertes Stück Alufolie legen, salzen und pfeffern, mit etwas grob gehackter Petersilie und Kerbel sowie zwei Scheiben Zitrone bedecken und in Folie einschlagen. Bei 180° C ca. 12 Minuten im Umluftofen garen.

Kartoffeln schälen und in Salzwasser kochen. Rübstiel waschen und grob schneiden. In einem großen Topf Speckwürfel und Schalottenwürfel anschwitzen. Rübstiel hinzufügen und mit der Brühe ablöschen. Kartoffeln mit einer Presse zu dem Rübstiel geben und locker unterrühren. Mit Essig, Salz und Pfeffer abschmecken, ggf. etwas Milch dazugeben, falls die Masse zu kompakt ist.

Auf einem Teller das Gemüse anrichten. Die Forelle aus der Folie nehmen und mit dem entstandenen Sud den Fisch übergießen. Garnieren und servieren.

Der Kleefse Jong wollte eigentlich nie weg. André Krake wurde in Kleve geboren, wuchs in Kleve auf und lernte in Kleve die Gastronomie mit allem Drum und Dran kennen und lieben. „Meine Eltern waren selbstständig, hatten eine kleine Gastronomie", erzählt der Küchenchef des Restaurants Swan's. Also wusste er, was auf ihn zukommen würde: ein stressiger Job, der mit dem Anrichten des Frühstücksbuffets beginnt und erst mit der Planung des kommenden Tages, irgendwann nach dem Abendservice, endet. So etwas kann man nur tun, jahrelang, wenn man es gern tut. „Ich mach das mit Herzblut", sagt Krake, und man sieht es ihm nicht nur an, man glaubt es ihm auf der Stelle. Zumal der Ur-Klever die Arbeit im renommierten Hotel von der Pike auf gelernt hat: die guten Zeiten, als in der riesigen Küche ein Dutzend ausgebildeter Köche arbeiteten, und die schwierigeren, als

die Region von der Wirtschaftskrise durchgeschüttelt wurde und das Haus mit neuer Führung durchstartete.

Dass die Zeiten für Bodenständiges günstig sind, erweist sich hier als besonderer Glücksfall. André Krake beherrscht nämlich das Pendeln zwischen der feinen und der bürgerlichen Küche, verbrachte in seiner Kindheit viele Stunden am Herd der Großmutter – mit Rinderroulade, mit Klever Schmörkes (wie hier die Bratkartoffeln heißen) und mit Mandarinenquark. Die Roulade finden die Gäste auch heute noch oft auf dem Speiseplan des Swan's, und das Fleisch stammt natürlich vom Metzger des Vertrauens. Ausschließlich regional geht es aber auch wieder nicht zu: Jakobsmuscheln im Bärlauchsüppchen dürfen schon mal sein, ein Hauch von Szechuan-Pfeffer aromatisiert das auf ganz spezielle Art zubereitete Vitello Tonnato. Frischer Fisch gehört zu den Leidenschaften

des Küchenchefs und begeistert auch die Kunden, die vom Niederrhein kommen oder aus den Niederlanden, die zum Geschäftsessen oder des Wellnessurlaubs wegen anreisen. Und die Klever kommen auch, weil sie wissen, dass hier einer kocht, der ihnen kein X für ein U vormachen will. Übrigens: Vor vielen Jahren war er doch einmal kurz weg, der Küchenchef des Swan's. Kurz nach der Lehre ging André Krake nach Norderney, um dort den Umgang mit Nordseefisch zu lernen. Doch das Abenteuer in der Ferne dauerte nicht lange. Allzu viel zu lernen gab es nicht, ein paar 100 Kilometer weit weg, und die Sehnsucht nach dem Niederrhein war dann doch zu groß. Nach ein paar Monaten war der Koch schon wieder zurück. Für Kleve und die Klever Gastronomie war das sicher eine gute Entscheidung.

BÄRLAUCHSÜPPCHEN
mit Jakobsmuschel und Lachsforellenkaviar

Zutaten für 6 Personen

800 g Kartoffeln, gewürfelt
100 g Sellerie, in feine Streifen geschnitten
1 Stange Lauch, in Würfel geschnitten
1 Bund Bärlauch
2 EL Butterschmalz
1,5 l Gemüsebrühe
500 ml Sahne
Salz
Pfeffer

Olivenöl
6 Jakobsmuscheln
etwas Lachsforellenkaviar

Zubereitung

Kartoffeln und Gemüse in Butterschmalz andünsten. Die Hälfte der Gemüsebrühe zugeben und alles 15 bis 20 Minuten köcheln lassen. Anschließend gut pürieren und durch ein Sieb passieren. Die restliche Brühe zugeben und nochmals leicht aufkochen. Mit Sahne aufgießen und abschmecken.

Bärlauch in feine Streifen schneiden und in die Suppe geben. Mit dem Mixer gut durchmixen. Jakobsmuscheln säubern und in Olivenöl langsam anbraten.

Bärlauchsüppchen und Jakobsmuscheln in tiefe Teller geben, mit Lachsforellenkaviar garnieren und servieren.

VARIATION VON VITELLO TONNATO

mit Couscous

Zutaten für 2 Personen

120 g Thunfisch, gewürzt mit Szechuan-Pfeffer
120 g Kalbsrücken, gewürzt mit Fleur de Sel
1 Tasse Couscous
2 Tassen Gemüsebrühe
1 Knoblauchzehe, klein gehackt
1 Schalotte, gewürfelt
1 Tasse Tomatenwürfel, abgezogen
1 EL Kapern, gehackt
1 EL Sardellenfilets, gehackt
1 Tasse Blattpetersilie, gehackt
1 EL Kräuteressig
1 EL Olivenöl
Filets von 1 Zitrone
Zucker
Fleur de Sel

Zubereitung

Knoblauch und Schalotte in einem Topf mit dem Couscous leicht anschwitzen, mit Gemüsebrühe aufgießen und kurz aufkochen. Den Topf vom Herd nehmen und ca. 10 Minuten ziehen lassen. Thunfisch und Kalbsrücken würzen und in der Pfanne von beiden Seiten scharf anbraten. Couscous lauwarm mit Tomatenwürfeln, Kapern, Sardellen und Blattpetersilie abschmecken. Thunfisch und Kalbsrücken dünn aufschneiden, am Couscous-Salat anrichten und alles mit Zitronen, Kräuteressig, Olivenöl und etwas Zucker leicht marinieren.
Eventuell mit Friséesalat und Chilifäden dekorieren.

André Krake

Restaurant Swan's im Golden Tulip Cleve • Kleve

Wenn sie ein sprachliches Klischee verwenden wollen, dann schreiben Journalisten gern von der „mediterranen Oase", wenn sie ein Restaurant meinen, in dem Pasta, frische Kräuter und italienische Weine hoch im Kurs stehen. Und wenn die Oase sich noch dazu in einem alten Fachwerkhaus befindet, driften diese Autoren rasch ins Kitschige ab und schwärmen vom Charme der Jahrhunderte. Doch manchmal geht es einfach nicht anders – an der Wahrheit kommt man nun mal nicht vorbei, und das *Walkmühlen-Restaurant* am Rande von Mülheim ist schließlich ein unter Denkmalschutz stehendes Paradies, das von einem leidenschaftlichen Gastronomen geleitet wird. Der begeisterte Koch darf natürlich auch nicht fehlen – und wer glaubt, dass die Leute am Herd nach spätestens ein, zwei Jahren wieder das Weite suchen, um sich anderswo zu verwirklichen, der hat die Rechnung ohne Küchenchef Manfred Seeberger und Patron

Vito Piepoli gemacht. Der eine ist schon seit 26 Jahren im Haus und kennt inzwischen alle Finessen der italienischen wie der klassischen Küche, ist bekannt für seine frisch hergestellte Pasta, aber auch für Fischgerichte, die mit frischen Kräutern und Olivenöl verfeinert werden. Und der aus einem kleinen Dorf in Apulien stammende Chef des ganzen Unternehmens hat schon vor einiger Zeit sein 30-jähriges Jubiläum gefeiert und weiß, wie man Gäste begeistert und zum Wiederkommen animiert. Zusammen haben sie einen Kreis von Stammgästen gewonnen, der nicht nur aus Mülheim, sondern auch aus den Tiefen des Niederrheins oder aus dem Ruhrgebiet anreist.

Gekocht wurde im *Walkmühlen-Restaurant* schon immer ein wenig mediterran, ein bisschen international und natürlich oft und gern wieder mit Traditionen und Zutaten aus Apulien, der Heimat des Patrons. Die alte Mühle, deren

Wurzeln bis ins Mittelalter zurückreichen, ist längst ein Hort des selbst importierten Olivenöls geworden, und im Keller lagern tiefrote apulische Primitivos, aber auch rare toskanische Spitzenrotweine aus den 1980er oder 1990er Jahren. Wer wissen will, was zu solchen flüssigen Erlebnissen passt, muss nur Manfred Seeberger fragen – vielleicht nicht unbedingt leichte Vorspeisen wie Mozzarella mit frischen Tomaten und Basilikum (das Kraut wächst gleich am Eingang zur großen Terrasse), auch nicht die original italienische und selbstverständlich hausgemachte Cassata. Sehr wohl aber passt die Crespelle mit Ricotta und Spinat, einer der Pasta-Klassiker des Hauses. Und wer sich gar nicht entscheiden kann, lässt sich einfach das Menü des Monats in sechs kleinen Gängen servieren: leicht, aromatisch, mediterran. Ein Klischee, das stimmt schon, aber ein sehr delikates, von dem man gar nicht genug bekommen kann.

AVOCADO-MANGO-CARPACCIO

mit Flusskrebsen und Hummer

Zutaten für 4 Personen

2 reife Mangos
2 reife Avocados
400 g Flusskrebse

Hummersauce

200 g Hummer-
oder Langustinenkarkassen
2 EL Olivenöl
1 EL Butter
Röstgemüse, gewürfelt (je 20 g Karotten,
Lauch, Staudensellerie und Schalotten)
1 kleine Tomate
1 TL Tomatenmark
1 cl Cognac
1 kleine Knoblauchzehe
200 ml Fischfond
100 ml Crème double
50 g Joghurt
Zitronensaft, Salz, Pfeffer
Dill bzw. Kerbel zum Garnieren

Zubereitung

Für die Sauce die Karkassen in Olivenöl
anbraten (nicht zu scharf), Butter und
Gemüse zufügen und kurz mit anziehen
lassen. Tomate und Tomatenmark
zugeben, mit Cognac flambieren. Die an-
gedrückte Knoblauchzehe zugeben und
mit dem Fischfond auffüllen.
20 Minuten bei schwacher Hitze köcheln
lassen, Crème double zugeben, sämig
einkochen und durch ein Tuch passieren.
Auskühlen lassen und mit Joghurt,
Zitronensaft, Salz und Pfeffer abschmecken.
Mangos und Avocados dünn schälen
und in dünne, gleichmäßige Scheiben
schneiden. Auf einem großen Teller
sternförmig anrichten und mit der
Hummersauce nappieren. Flusskrebse
mit etwas Zitronensaft und Cognac abschmecken und in der Mitte des Tellers
anrichten. Mit Dill oder Kerbelblättern
garnieren.

WEISSES PFIRSICH-EISSOUFFLÉ
auf Campari-Schaum

Zutaten für 4 Personen

4 Eigelb
100 g Zucker
250 ml Püree von weißen Pfirsichen
500 ml geschlagene Sahne
4 Blatt Gelatine

Zubereitung

Eigelb mit Zucker warm aufschlagen.
125 Milliliter Pfirsichpüree mit aufschlagen,
bis eine cremige Masse entsteht. Die in
Wasser eingeweichte Gelatine hinzufügen und
kalt schlagen. Das restliche Pfirsichpüree
und die geschlagene Sahne hinzugeben. In
Metallförmchen füllen und ca. 4 Stunden in
den Gefrierschrank stellen.

Manfred Seeberger

223

Es gibt sie, die Ehrenbürgerschaft des Niederrheins. Zumindest die Mülheimer haben Jörg Thon schon vor langer Zeit mit diesem inoffiziellen Titel ausgezeichnet, auch wenn bislang noch keine Verleihungsfeier abgehalten wurde. Schließlich ist der gebürtige Thüringer schon seit fast 20 Jahren in Mülheim aktiv und hat während dieser Zeit Abertausende von Einheimischen verpflegt. Im Jahr 1993 übernahm Thon zusammen mit seiner Frau Janet den *Ratskeller*, die gute Stube der Stadt Mülheim, und machte ihn zu einem Anlaufpunkt für alle, die entweder schnell oder aufwendig speisen oder etwas

ganz groß feiern wollen, ein Ziel für all jene, die einfach nur den mittäglichen Hunger stillen und dabei nicht auf Fastfood zurückgreifen wollen. Es muss ja nicht immer Kaviar sein und Gänsestopfleber. Oder muss es das überhaupt jemals? Jörg Thon beherrscht auch die Grande Cuisine, viel wichtiger aber ist ihm und seinen Kunden, dass die Blutwurst, die der Chef im gerade frisch und fertig renovierten *Mülheimer Ratskeller* servieren lässt, von einem guten Metzger stammt und mit Majoran und Zwiebeln im richtigen Maße abgeschmeckt wurde. Und dass eine deftige Kohlroulade eben genau so schmeckt, wie sie die Mutter,

entgegen allen Sprüchen, eben doch nicht immer hinbekommen hat. Bürgerliche Küche mag man das nennen, was ein wenig abschätzig klingen könnte, aber eigentlich das genaue Gegenteil ist. Der Bürger hatte nämlich immer schon Ansprüche und wollte diese erfüllt sehen – auf diskrete, zuverlässige Weise. Und weil im Mülheimer Ratskeller seine Wünsche erfüllt werden, belohnt er den verantwortlichen Koch gern mit allen echten oder virtuellen Ehrungen, die zu vergeben er in der Lage ist.

PANNSCHLAAT
mit Holzapfel, Kassler dazu Schmorzwiebeln und Spanferkelrücken

Zutaten für 4 Personen

500 g Kartoffeln
½ Kopf Endiviensalat
200 g gewürfelter Bauchspeck
2 dicke Zwiebeln
½ Bund Frühlingszwiebeln
200 ml Milch
50 g Butter
2 feste Äpfel
Essig
Salz
Pfeffer
Muskat
4 Scheiben Kassler, ca. 125 g schwer
1 Spanferkelrücken
etwas Mehl und Öl zum Braten

Zubereitung
Pannschlaat

In einem flachen Topf die Butter und die Zwiebelwürfel von einer halben Zwiebel anschwitzen, die gekochten Salzkartoffeln dazugeben und alles stampfen, die erhitzte Milch solange hinzugeben, bis ein dicker Kartoffelbrei entsteht. Dann sollte der Endiviensalat (der vorher geputzt und in Streifen geschnitten wurde) mit vermengt werden, das Ganze mit Essig, Muskat, Pfeffer und Salz abschmecken. In der Zwischenzeit den Speck in einer Pfanne anbraten und die Frühlingszwiebeln hinzugeben und schwenken.

Spanferkelrücken

Den Spanferkelrücken von dem Fett und den Sehnen befreien, danach die Knochenenden putzen, mit einem kleinen Messer in vier gleichmäßige Teile zerlegen, würzen mit etwas Pfeffer und Salz, das Fleisch mehlieren, damit es nicht trocken wird, und scharf in einer Pfanne anbraten. Dann bei ca. 160° C im Backofen ca. 8 Minuten so garen, dass in der Mitte noch ein rosa Punkt zu sehen ist.
Die beiden halbierten Holzäpfel mit etwas Butter bestreichen und mit dem Spanferkelrücken zusammen im Ofen garen. Die Kasslerscheiben ebenfalls mehlieren und in einer Pfanne mit etwas Öl von beiden Seiten anbraten, Butter hinzugeben und die in Streifen geschnittenen Zwiebeln hinzugeben und schmoren.

Anrichten

Den Pannschlaat in der Mitte des Teller anrichten, je ein Teil Kassler und Spanferkelrücken darum herumplatzieren, mit dem Speck und den Frühlingszwiebeln bestreuen.
Den geschmorten Apfel und die Schmorzwiebeln dazudekorieren und ganz nach Belieben mit etwas Gemüse garnieren.
Wahlweise kann man auch gebratene Blutwurst oder Schinkenmettwurst zum Pannschlaat reichen. Eine gebratene Scheibe Lachs oder Rotbarsch passt auch dazu.

FILET VOM BLACK-ANGUS-RIND

mit Schalotten-Aceto-Jus und Pommes Maxim

Zutaten für 4 Personen

Sauce

3 Schalotten
100 ml Aceto-Balsamico-Essig,
100 ml Kalbsjus
100 ml Rotwein (Dornfelder)
grüne Pfefferkörner
Meersalz
Rosmarin
Thymian
1 cl Cognac oder Marsala

Fleisch

800 g Rinderfilet, pariert (sehnen- und fettfrei)
gestoßener Pfeffer
Meersalz
4 Rosmarinzweige
Pflanzenöl, Butter
2 große Strauchtomaten
2 Büffelmozzarella

Beilage

4 mittelgroße, fest kochende Kartoffeln
geklärte Butter
Salz, Pfeffer

Zum Anrichten

Rucola
Knoblauch
Olivenöl

Zubereitung

Die fein gehackten Schalotten mit etwas Olivenöl glasig anschwitzen. Kalbsjus, Rotwein, Salz und Essig, den Rosmarin-
und den Thymianzweig hinzugeben und das Ganze ca. 15
Minuten bei kleiner Hitze einkochen lassen. Danach ca. 1 Tee-
löffel grüne Pfefferkörner hinzugeben. Je nach Geschmack
zum Schluss etwas Cognac oder Marsala hinzugeben.
Das Fleisch in Stücke von 200 Gramm schneiden. Mit Salz
(am besten ist Fleur de Sel) und gestoßenem Pfeffer würzen
und ca. 20 Minuten stehen lassen. Die Pfanne erhitzen, etwas
Pflanzenöl hinzugeben und das Fleisch von beiden Seiten je
nach Geschmack braten, kurz vor Schluss die Rosmarinzweige
mit hinzugeben. Ist der gewünschte Gargrad erreicht – bei
diesem Gericht sollte es „englisch" sein –, die Pfanne vom

Herd nehmen, das Fleisch auf die Rosmarinzweige legen und mit etwas
Butter ruhen lassen.
Kurz vor dem Anrichten das Fleisch tranchieren, die Tomaten und den
Mozzarella in Scheiben schneiden, auf das Fleisch geben und dieses kurz
überbacken.
Für die Beilage die Kartoffeln schälen und in Zylinder mit ca. 2 Zentimeter
Durchmesser schneiden, die Zylinder in 1 Millimeter dicke Scheiben schneiden.

Etwas geklärte Butter in eine beschichtete Pfanne geben und die Kartoffelscheiben darin ganz kurz schwenken, damit die Stärke austritt. Danach die Kartoffelscheiben auf einem Backblech dachziegelartig in Kreisform oder quadratisch auslegen. Das Ganze mit der geklärten Butter übergießen und mit Fleur de Sel würzen. Dann das Blech in einen auf 220° C vorgeheizten Ofen schieben. Danach die Pommes Maxim aus dem Ofen nehmen und anrichten.

Zum Anrichten und Fertigstellen etwas Rucola in einer Pfanne mit Olivenöl und Knoblauch schwenken, den Rucola auf den Teller geben, das überbackene Rinderfilet darauf anrichten.
Den Aceto-Dornfelder-Jus an der Seite anrichten und die Pommes Maxim halb anlegen.
Zu dem Gericht eignen sich als weitere Beilage gut tourniertes Gemüse oder Ratatouille.

Arbeit auf hohen Touren ist für Jörg Hackbarth eine Selbstverständlichkeit. Das *Hackbarth's* ist schließlich kein gemütliches Restaurant für eine Handvoll Gäste, sondern eines, in dem mittags und abends eine Menge zu tun ist. Das À-la-Carte-Geschäft steht an, Gesellschaften, Hochzeiten und Empfänge finden statt, daneben muss das Catering betreut werden. Der gebürtige Hamburger Jörg Hackbarth, der nun schon seit fast zwei Jahrzehnten in Oberhausen lebt und arbeitet, will es gar nicht anders. „Stress ist für mich das Salz in der Suppe und absolut essenziell", sagt der Koch, der aus seiner Heimat ein Faible für Fisch mitgebracht hat, der aber auch gern mit Zutaten aus allen Ecken dieser Welt kocht. Den Hamburger Labskaus gibt es im *Hackbarth's* ebenso wie einen Flammkuchen; niederrheinischer Spargel wird so selbstverständlich aufgetischt wie ein leicht abgewandeltes „Himmel und Erde" – mit Loup de Mer und Jakobsmuscheln statt mit Blutwurst, mit Birnen-Confit anstelle von Apfelmus. „Wir machen hier gute Küche für jedermann", sagt Hackbarth, dem der Hamburger Akzent noch immer anzuhören ist und der einen Dank gern mit dem typisch norddeutschen „da nicht für" erwidert. Sterne und höchste Auszeichnungen anderer Restaurantführer sind nicht sein Ziel, die Zufriedenheit der Gäste sehr viel eher. Drinnen im dezent modernen Ambiente oder draußen im Garten. Ohne unnötige Formalitäten, aber mit allem, was dazugehört. Auf der Weinkarte fehlen ganz konsequent viele der Prestigeweine, dafür werden aber bei befreundeten Winzern und ausgesuchten Nachwuchserzeugern ganze Fässer eingekauft und speziell fürs *Hackbarth's* abgefüllt.

Dass Jörg Hackbarth nach Oberhausen gekommen ist, war zwar Zufall, aber inzwischen könnte er sich keinen anderen Ort für seine kulinarischen Aktivitäten mehr vorstellen. Der Niederrhein bietet nicht nur eine faszinierende Landschaft, sondern auch hervorragende kulinarische Produkte. Und im Urlaub, da muss es für Hackbarth auch nicht unbedingt eine Reise um die halbe Welt sein. „Ich genieße es, einfach im Garten zu sitzen." Das gut eingespielte Team sorgt dafür, dass der Laden rund läuft. „Manchmal sind die sogar froh, dass der Alte nicht da ist", grinst der Chef. Nur eines wird sich niemand trauen in Abwesenheit des Patrons: die Klassiker von *Hackbarth's* von der Karte zu nehmen. Der Kartoffelsalat à la Harry's Bar ist ein Klassiker, der einfach dazugehört. „Und wenn ich die Blutwurst streichen würde, gäbe es einen Aufstand", sagt Jörg Hackbarth. Und das wäre nun gewiss das Letzte, was man sich hier in Oberhausen wünschen würde.

ERDBEEREN AUF GEEISTER RICARD-SAHNE
mit Brombeersorbet und Schokoladen-Wan-Tans

Zutaten für 4 Personen

500 g Erdbeeren
Brombeersorbet

Ricard-Sahne

250 g Crème fraîche oder saure Sahne
(eventuell auch Magerquark)
Zitronensaft
Zucker, Vanillemark, Ricard

Orangen-Dressing

100 g Zucker
500 ml Orangensaft, etwas Zitronensaft
Vanille, Rumaroma oder Zitronengras
Speisestärke

Schokoladen-Wan-Tans

1 Paket Wan-Tan-Teig
250 g Milch

70 g Zucker
5 Eigelb
geriebene Schale von je 1 Orange und Zitrone
40 g Schokoladenpuddingpulver
75 g Zartbitter-Kuvertüre
10 g Stärke
50 g Sahne
40 g Cognac

Zubereitung

Crème fraîche mit Zitronensaft, Zucker, Vanillemark und Ricard (bzw. Pernod oder ein anderer Anisschnaps) verrühren. Abschmecken und gut kühlen.

Für das Dressing den Zucker im Topf karamellisieren lassen, mit dem Orangen- und Zitronensaft ablöschen, Vanille und Rumaroma bzw. Zitronengras zufügen und mitkochen lassen. Um die Hälfte reduzieren lassen und mit

angerührter Speisestärke bis zur gewünschten Konsistenz binden. Abkühlen lassen und die Erdbeeren darin marinieren. (Die Sauce kann auch als kalte oder heiße Dessertsauce verwendet werden.)

Für die Wan-Tans Puddingpulver mit Stärke, Sahne und Weinbrand vermengen. Alle Zutaten in einem Topf verrühren und zum Kochen bringen. Die Masse durchkühlen lassen und vor der weiteren Verarbeitung cuttern oder im Mixer aufarbeiten. Den aufgetauten Wan-Tan-Teig mit der Schokoladenmasse füllen und in der Friteuse knusprig ausbacken. Mit der gut gekühlten Ricardsahne einen Saucenspiegel auf den Teller geben. Erdbeeren oder andere Früchte darauf anrichten. Sorbet auf die Erdbeeren setzen und darauf den gebackenen Wan-Tan. Mit Minze und Puderzucker garnieren.

HIMMEL UND ERDE
von Loup de Mer und Jakobsmuscheln

Zutaten für 4 Personen
8 große, geputzte Jakobsmuscheln à 30 g
4 Filets vom Loup de Mer à 100 g

Kartoffelpüree
400 g geschälte Kartoffeln
Milch
Sahne
Butter
Muskatnuss
Salz

Rotweinsauce
2 kleine Zwiebeln, gewürfelt
Olivenöl
80 g Zucker
1 Flasche guter Rotwein
Honig, Balsamico, Salz, Pfeffer
Speisestärke

Birnenkompott
75 g Zucker
2 Birnen
250 ml Weißwein
Zitronensaft
½ Vanillestange, Speisestärke

Zubereitung
Ein Kartoffelpüree kochen. Für die Rotweinsauce die Zwiebeln in Öl anschwitzen, den
Zucker zugeben und alles karamellisieren lassen. Den Rotwein auffüllen und die Sauce auf
etwa ⅓ reduzieren lassen. Nach Geschmack
mit Honig, Balsamico, Salz und Pfeffer abschmecken und die Sauce leicht mit Speisestärke binden.

Für das Birnenkompott den Zucker karamellisieren lassen, mit Zitronensaft und Weißwein
ablöschen. Vanillemark zugeben und alles gut
durchkochen lassen. Birnen in erbsengroße
Würfel schneiden und zum Wein geben. Einmal
aufkochen, abschmecken und mit Stärke binden.
Filets und Muscheln würzen und glasig braten
(Muscheln lieber etwas mehr roh lassen, sie
schmecken dann einfach besser). Fisch und
Muscheln auf dem Kartoffelpüree anrichten.
Rotweinsauce und Kompott dazugeben.

Jörg Hackbarth

Ein Pfälzer am Niederrhein – diese seltene Kombination zweier deutscher Regionen war nicht im Geringsten geplant, und es war reiner Zufall, dass Thorsten Hauk eines Tages auf den Inhaber des *Restaurants Blumenraths* traf. „Das war beim Frühstück in einem Hotel, für das ich einen Gutschein bekommen hatte", erinnert sich Küchenchef Hauk. Man kam ins Gespräch und rasch zu einer Einigung. Schließlich zog der Koch aus Leidenschaft aus der Pfalz nach Hünxe und machte sich daran, eigene Ideen zu verwirklichen und die Kunden mit einer Mischung aus regionaler und kreativer Kochkunst zu begeistern. Der Ort könnte nicht besser geeignet sein für solche Pläne: Gleich neben dem prächtigen Schloss Gartrop wurden eine große Küche und eine schöne Terrasse eingerichtet, das junge, gut eingespielte Team ist vorbereitet auf Kompanien von Ausflüglern, die sich hier nicht nur am Wochenende mit selbst gebackenen Kuchen oder hausgemachten (!) Pommes frites stärken – sie sind auch auf Gourmets auf der Suche nach dem Besonderen vorbereitet. Und Thorsten Hauk sorgt in seiner bedächtigen Art dafür, dass selbst bei

Vollbetrieb alles wie am Schnürchen klappt. Es scheint kaum vorstellbar, dass der Zufalls-Niederrheiner, der als Koch seinen Traumberuf ausübt, durch irgendetwas aus der Ruhe zu bringen wäre.

Stressgeprüft war Thorsten Hauk schließlich schon in seiner Ausbildung und den ersten Jahren als Jungkoch. Der heutige Chef von *Blumenraths Restaurant* hat seine Lehre in der *Fasanerie* in Zweibrücken absolviert, in einem der bekanntesten Top-Hotels der Pfalz, arbeitete später im von Grund auf renovierten *Kloster Hornbach* und sogar im Saarbrücker *Gästehaus Klaus Erfort*, also bei einer der anerkannt besten und mit drei Sternen am höchsten ausgezeichneten Adressen der gesamten Republik. „Da habe ich viel gelernt", sagt der Mann, dem man allein seiner Statur wegen glaubt, dass er Spaß am Genießen und am Kochen hat, der gern mit Jakobsmuscheln hantiert, ein Kalbscarré in Perfektion auf den Teller bringt und sowieso mit den feinsten Gewürzmischungen arbeitet, die auf dem Markt erhältlich sind. Die Currys und Würzmischungen von Ingo Holland sind für ihn unverzichtbar: „Von denen braucht man auch weniger als von anderen Gewürzen!"

Und beim Salz variiert Hauk gern mit Kristallen aus dem Himalaya, von der Atlantikküste oder aus England.

Und weil er Pfälzer ist, gibt es im *Blumenraths* auch eine Fleischspezialität, deren Rezept Thorsten Hauk aus seiner Heimat mit an den Niederrhein gebracht hat. Umgesetzt wurde es unter Mühen und mit viel Überredungskunst. „Ich habe irgendwann einen Metzger dazugebracht, den Saumagen zuzubereiten", schmunzelt der Küchenchef. Es geht um jene am Niederrhein bislang unbekannte Mischung aus Kartoffeln, Brät und Majoran, die in einen sorgfältig gewaschenen Schweinemagen gefüllt und vorsichtig gegart wird. Inzwischen ist der Fleischermeister aus der Nachbarschaft hin und weg von der Ur-Pfälzer Delikatesse, die mittlerweile – in Scheiben geschnitten und knusprig angebraten – im *Blumenraths* größten Anklang findet. Zum deftigen Leckerbissen passt natürlich nichts besser als Pfälzer Riesling, den Thorsten Hauk selbst vor Ort einkauft. Der Küchenchef ist nämlich, alles andere als selbstverständlich, auch ein echter Weinkenner – und das Weinsortiment gehört zu den besten weit und breit.

GEBRATENE JAKOBSMUSCHELN
mit Pfifferlingen und Pfirsich

Zutaten für 4 Personen

8 große Jakobsmuscheln
3 Pfirsiche
200 g kleine Pfifferlinge
50 ml Weißwein
50 g Butter
1 EL Walnussöl
weißer Balsamico
Blattpetersilie
Himalaya-Kristallsalz
Fleur de Sel
weißer Pfeffer aus der Mühle
brauner Rohrzucker
Frisée
Rucola
Pfeffer

Zubereitung

Die Pfifferlinge putzen, waschen und in schäumender Butter gar ziehen lassen, mit Salz und Pfeffer würzen, danach auf ein Sieb geben. Die Pfirsiche in Spalten schneiden, Weißwein zum Kochen bringen und mit braunem Zucker abschmecken, die Pfirsichspalten zugeben und bei mittlerer Hitze dünsten. Nach ca. 2 Minuten auf ein Blech geben und kalt werden lassen. Die Jakobsmuscheln öffnen und putzen, in einem Behälter mit kaltem Wasser ca. 20 Minuten wässern und anschließend auf einem Tuch trocken auslegen. Die Jakobsmuscheln auf der heißen Grillplatte von jeder Seite ca. 1 Minute grillen, anschließend mit Fleur de Sel würzen. Die Pfifferlinge mit Walnussöl und weißem Balsamico marinieren und die frisch gehackte Petersilie zugeben. Jakobsmuscheln, Pfifferlinge

und Pfirsichspalten dekorativ auf einem flachen Teller anrichten. Mit feinem Frisée und Rucola dekorieren.

BLUMRATHS Restaurant • Hünxe-Gartrop-Schlossfreiheit

KARREE VOM IBERISCHEN SCHWEIN

mit Wachsbohnen und Thymiankartoffeln

Zutaten für 4 Personen

ca. 1 kg Karree vom iberischen Schwein

500 g Wachsbohnen

2 Tomaten

500 g Grenailles-Kartoffeln

(sehr kleine Kartoffelsorte)

100 ml Olivenöl

Butter zum Braten

10 g getrocknetes Bohnenkraut

1 Zweig Thymian

Blattpetersilie

normales Salz

Himalaya-Kristallsalz

Maldon Sea Salt

weißer Pfeffer

Zubereitung

Für das Karree den Fettdeckel des Fleisches rautenförmig einschneiden. Mit Himalaya-Kristallsalz würzen und in Olivenöl von allen Seiten schön anbraten. Anschließend auf ein Gitter setzen, im Backofen bei 90° C bis zu einer Kerntemperatur von 58° C garen. Anschließend bei ca. 55 – 60° C ruhen lassen. Vor dem Servieren in brauner Butter nachbraten und mit Pfeffer und Maldon-Salz würzen.
Die Wachsbohnen waschen und putzen. Wasser zum Kochen bringen und mit Bohnenkraut und Salz kräftig abschmecken.
Die Wachsbohnen blanchieren und in mit Salz gesättigtem Eiswasser abschrecken. Tomaten abziehen, vierteln, Kerngehäuse entfernen und in feine Würfel schneiden. Die Bohnen in Butter anschwitzen, mit Himalaya-Kristallsalz und weißem Pfeffer abschmecken. Vor dem Servieren die Tomatenwürfel zugeben. Für die Thymiankartoffeln die Kartoffeln waschen und längs halbieren. Die halbierten Kartoffeln mit einem Tuch abtrocknen und in eine Auflaufform geben. Kartoffeln salzen und mit Olivenöl vermengen. Bei 180° C im Umluftherd ca. 45 Minuten garen. Vor dem Servieren mit Pfeffer abschmecken und zum Schluss Thymian und Petersilie gehackt zugeben.

Thorsten Hauk

Wenn die Mittagsgäste weg sind und die Vorbereitungen für das Abendessen noch nicht begonnen haben, hat Uwe Lemke eine, zwei und manchmal auch drei Stunden Zeit. Viele Kollegen erledigen in dieser Zeit Bestellungen oder machen ein Schläfchen, der Patron und Küchenchef des Weseler *Restaurants Art* dagegen greift zum Fahrrad und fährt ein paar Kilometer durch die traumhafte Landschaft des Niederrheins. Die körperliche Betätigung erfüllt gleich mehrere Zwecke: Sie beugt dem Übergewicht vor (Uwe Lemke ist gertenschlank), verschafft Abwechslung vom anstrengenden Alltag in der Küche und macht den Kopf frei. Die besten Ideen für Rezepte kommen dem Weseler dann auch bei einer Tour durch Wesel, Rees oder Xanten, am Fluss entlang oder quer durch die Spargelfelder und Wiesen.

Die flache Landschaft, die ist Uwe Lemke aus seiner Kindheit geläufig – auch wenn damals die See näher lag als der Rhein. Nicht weit von Eutin wuchs er auf, lernte die Produkte der Region kennen und arbeitete nach der Ausbildung bald selbst als Ausbilder. Im Hamburger *Atlantic*, einer der berühmtesten hanseatischen

Hoteladressen, machte er Scharen von Lehrlingen mit der feinen Küche vertraut: ruhig und ausgeglichen, wie es seine Art ist. Einen brüllenden und mit Pfannen werfenden Küchenchef Uwe Lemke kann sich niemand vorstellen. Dass er heute in Wesel arbeitet und nicht in Hamburg, hat nachvollziehbare Gründe. Uwe Lemke folgte seiner Frau Susanne, einer gebürtigen Weselerin, an den Niederrhein – erst in einen Betrieb nahe Alpen, dann ins prächtig hergerichtete *Art* mit der garantiert schönsten Terrasse zwischen Rhein und Maas, mit dem seerosenbestückten Teich und den eleganten Räumen.

Was die Ideen angeht, die Uwe Lemke bei seinen Radtouren so durch den Sinn schießen, die lassen sich auf der Karte, in Kreationen umgesetzt, reichlich wiederfinden. Vermutlich ist die Hamburger Zeit dafür verantwortlich, dass im *Art* mit Zutaten aus aller Welt gearbeitet wird: ein wenig asiatisch, deutlich mediterran, aber auch klassisch französisch. Beim Thema Wein, einer persönlichen Leidenschaft der Inhaber, arbeitet man intensiv mit einigen der besten deutschen Winzer zusammen. Die wenigen Urlaubstage, die Susanne und Uwe

Lemke pro Jahr bleiben, verbringen sie also gern bei Verkostungen an Rhein und Mosel, und ausnahmsweise darf dann auch mal das Fahrrad in der Garage bleiben. Während dieser Zeit kann der Küchenchef aus Wesel – zumindest für eine kleine Weile – auf die Entspannungsfahrten durch die niederrheinische Landschaft verzichten.

RIESENGARNELE IM YAKI-NORI-BLATT
mit mariniertem Spargel und Orangenreduktion

Zutaten für 4 Personen

12 Riesengarnelen 8/12er geschält
und entdarmt
4 Yaki-Nori-Blätter (Asia-Laden)
160 g Fischfilet von Lachs, Zander oder Butt
150 ml Sahne
4 TL geschnittene Kräuter
(Petersilie, Dill, Kerbel o. ä.)
Salz
Cayennepfeffer
Zitronensaft
8 Stangen geschälter Spargel
200 ml Orangensaft
4 TL Zucker
1 Sternanis
je 1 Stück Zitronengras und Ingwer

Zum Marinieren des Spargels

gutes Öl
Zitronensaft
Salz
Zucker
Butter zum Braten

Zubereitung

Acht der Riesengarnelen in kleine Würfel schneiden. Das gut gekühlte Fischfilet in grobe Würfel schneiden und zusammen mit der Sahne in der Küchenmaschine cuttern, bis daraus möglichst rasch eine glatte, glänzende Farce entstanden ist. Diese mit den Gewürzen und der Zitrone abschmecken. Dann die Kräuter und die Garnelenwürfel unterheben.

Die Farce mit einer Palette auf die Yaki-Nori-Blätter aufstreichen und straff einrollen. In 80° C heißem Dampf garen und abkühlen lassen. Anschließend in gleichmäßige Stücke schneiden und frittieren.

Den Spargel al dente kochen, danach mit Öl und etwas Zitrone, Salz und Zucker marinieren. Orangensaft mit den Gewürzen aufkochen, ungefähr um ein Drittel einkochen und passieren. Die restlichen vier Riesengarnelen in aufschäumender Butter leicht bratend garen. Spargel, Fischpäckchen und Riesengarnelen anrichten, mit Orangenreduktion servieren.

BISKUIT MIT MOUSSE AU CHOCOLAT
und Früchten

Zutaten für 4 Personen
Biskuit
50 g Eigelb
25 g Zucker
½ Zitrone
1 Prise Salz
90 g Eiweiß
30 g Zucker
30 g Mehl
30 g Puderzucker
60 g zerlassene Butter

Mousse au chocolat
100 g dunkle Kuvertüre (Pellets oder gehackt)
50 g Butter
1 Eigelb
100 g Eiweiß
125 g geschlagene Sahne
etwas Cointreau

Zubereitung

Eigelb, Zucker, Zitrone und Salz in der Küchenmaschine schaumig aufschlagen. Eiweiß und
Zucker zu Schnee schlagen. Mehl und Puderzucker sieben. Sobald Eigelb und Eischneemasse
schaumig aufgeschlagen sind, alle Zutaten zusammen unterheben. Die Masse auf Backpapier
flach aufstreichen und im Ofen bei 160 – 170° C
ca. 12 – 15 Minuten backen. Dann mit dem
Backpapier vom heißen Blech ziehen, mit einem
feuchten Tuch abdecken und auskühlen lassen.
Die Schokolade zusammen mit der Butter in
einer Schüssel über einem Wasserbad oder im
Ofen bei 100° C schmelzen. Währenddessen das
Eiweiß schaumig schlagen, bis es fest ist. Die
geschmolzene Kuvertüre mit dem Eigelb, dem
Cointreau und einem Teil Eiweiß anrühren, bis
die Masse wieder glatt ist. Dann den weiteren
Eischnee zugeben und zügig unterrühren. Zum
Schluss vorsichtig die Sahne unterheben.
Wenn der Boden ausgekühlt ist, Papier abziehen,
mit der Mousse bestreichen, aufrollen und gut
durchkühlen.

Uwe Lemke

Vor den Fenstern des *Lippeschlösschens* tut sich etwas. „Die Lippe wird renaturiert", sagt Ullrich Langhoff, der Inhaber des Restaurants, das zu Wesel gehört wie der Dom oder die imposante Rheinbrücke. Oder eben die Lippe. Im Jahr 2012 wird sich vor der Terrasse des Hauses, das ganz früher einmal ein Offizierscasino war, ein Paradies mit Seen und Auen auftun, zur Erholung vom Alltag und fürs kulinarische Erleben.

Vor allem in dieser Hinsicht ist Ullrich Langhoff Spezialist. Der Chef stammt aus einer Gastronomenfamilie; auch seine beiden Brüder führen eigene Betriebe, und seine Begeisterung fürs Küchenhandwerk ist nicht zu übersehen. Wie kaum ein anderer Koch am Niederrhein spielt der Patron des *Lippeschlösschens* die regionale Karte aus. „Wir sind hier bioregional", sagt Langhoff, selbst gelernter Hotelkaufmann und immer auf der Suche nach guten Erzeugern am Niederrhein. Die Saisonalität kommt als dritter Faktor zum Gesamtkonzept dazu, das auch eine kleinbiologische Kläranlage umfasst, ein eigenes Blockheizkraftwerk und ein Elektroauto. Chilenische oder spanische Erdbeeren wird der Gast also nie auf der Karte des Restaurants finden, selbst wenn sie biologisch angebaut worden sein sollten. Andererseits müssen es nicht zwingend Bio-Produkte sein, sofern erstklassige Alternativen verfügbar sind. „Ich arbeite seit langem mit unserem Spargelbauern zusammen", sagt Langhoff. Natürlich erst dann, wenn der Spargel in perfektem Reifezustand aus der niederrheinischen Erde geholt wurde. Von April bis Juni wird der Spargel sogar an einem Stand neben dem Lippeschlösschen verkauft.

Doch am besten schmeckt das weiße Gemüse dann doch bei Ullrich Langhoff selbst, vielleicht zum Filet vom Bentheimer Bio-Schwein. Danach noch eine original niederrheinische Herrencrème oder vielleicht sogar das Crème-Eis vom Spargel mit – selbstverständlich heimischen – Erdbeeren. „Wir probieren vieles aus", sagt Gastgeber Langhoff. Jedenfalls dann, wenn es passt zum Haus, zur Lippe und zu Wesel. Auf jeden Fall passen die Kräuterabende mit einer auf Pflanzen spezialisierten Kräuterfee. Gemeinsam wird gesammelt, die Expertin erklärt, und anschließend serviert die Küche das Kräutermenü in mehreren abenteuerlich spannenden Gängen. „Sie werden sich wundern, was man alles essen kann in einer Wiese", schmunzelt Ullrich Langhoff, der sich ganz nebenbei auch in der Weiterbildung der Kollegen engagiert und als Vorsitzender des Vereins „Genussregion Niederrhein" amtiert. Auf dass sich noch mehr Gäste begeistern für die unglaubliche Vielfalt heimischer und mit viel Herzblut erzeugter Produkte.

BUNTER SPARGELSALAT

mit Erdbeeren und Perlhuhnbrust

Zutaten für 4 Personen

300 g weißer Spargel
300 g grüner Spargel
Salz und Pfeffer
1 Liebstöckelzweig
Saft von 1/2 Zitrone
60 g Butter
4 Perlhuhnbrust à 120 g
4 EL Öl
250 g Erdbeeren
1 kleiner Friséesalat
1 unbehandelte Orange
1/2 Bund Minze
3 EL Mayonnaise
150 g Crème fraîche
2 EL Mandelblättchen
1 TL gemahlener rosa Pfeffer

Zubereitung

Den weißen Spargel schälen, beim grünen Spargel nur die Enden anschälen, in 4 Zentimeter lange Stücke schneiden, in Salzwasser mit Butterzusatz, Liebstöckelzweig und Zitronensaft leicht bissfest garen (ca. 7 – 8 Minuten). Den Spargelfond abgießen und den Spargel abschrecken.

Die Perlhuhnbrust jeweils ca. 4 – 5 Minuten von beiden Seiten braten, danach salzen und pfeffern und heiß stellen.

Erdbeeren säubern, in Scheiben schneiden, den Salat waschen und zerteilen. Orangenschale in Zesten schneiden, Saft auspressen. Für das Dressing Mayonnaise, Crème fraîche, Orangensaft und Zesten verrühren, mit Salz und Pfeffer abschmecken. Friséesalat mit Spargel, Erdbeeren und Dressing anrichten,

Perlhuhnbrust in Scheiben schneiden und dazulegen. Mit den gebräunten Mandelblättern und dem rosa Pfeffer dekorieren.

ZANDERFILET MIT KARTOFFEL-MOUSSELINE

und gebratenen Pilzen

Zutaten für 2 Personen

2 Zanderfilets mit Haut, geschuppt, à 180 g
Salz
Pfeffer
1 Knoblauchzehe
Thymian
Olivenöl zum Braten

Für die Mousseline

250 g mehlig kochende Kartoffeln
Salz
Pfeffer
ca. 100 ml Milch
Butter
geriebene Muskatnuss
Schlagsahne

Für die Pilze

120 g Steinpilze (saisonbedingt)
oder Champignons
Olivenöl
Butter zum Braten
Schnittlauch
Salz
Pfeffer

Zubereitung

Die Zanderfilets zurechtschneiden und ziselieren, damit sich die Haut nicht zusammenzieht.
Kartoffeln schälen, waschen, vierteln und in leicht gesalzenem Wasser weich kochen. Abgießen, kurz ausdämpfen lassen und dann durch die Kartoffelpresse drücken. Milch aufkochen und mit Butter unter die Kartoffelmasse rühren. Zum Schluss etwas geschlagene Sahne unterheben.
Steinpilze (Champignons) reinigen und in Scheiben schneiden. Zander auf der Hautseite in Olivenöl anbraten, salzen und pfeffern.
Steinpilze (Champignons) in Olivenöl und Butter anbraten, Schnittlauch dazugeben und abschmecken.

Ullrich Langhoff

Restaurant Lippeschlösschen • Wesel

Die Reibekuchen – die von der Oma – die sind noch immer ein Traum für Henning Buchmann. Eine Art Lieblingsgericht, das aber mit vielen anderen Speisen konkurriert. „Ich finde auch alles Geschmorte toll – zum Beispiel Kalbsbäckchen", sagt der junge Küchenchef, der aus der Nachbarschaft stammt und nach Jahren der Wanderschaft zurück in den vielleicht romantischsten Teil des Niederrheins gekommen ist. Der Bauernhof der Eltern befindet sich gleich ums Eck, die alten Schulfreunde wohnen in der Umgebung und schauen nur zu gern im 2007 eröffneten *Carpe Diem* vorbei. Aber sie sind nicht die einzigen, die nach Marienthal kommen; das Bilderbuchdorf im Naturpark Hohe Mark hat sich längst zu einem Ausflugsziel entwickelt – mit allen Vor- und Nachteilen für einen, der Ansprüche hat. Schnelle Lunchgerichte, ein aufwendiges Angebot auf der alle sechs Wochen wechselnden Karte am Abend: Henning Buchmann reagiert mit seinem klitzekleinen Team auf die unterschiedlichsten Wünsche. „Wir sind zu dritt in der Küche", berichtet der junge Kreative, der seine Fertigkeiten im

Landhotel Vosshövel sowie im *Landhaus Köpp*, im Düsseldorfer Restaurant *Victorian* und im Kölner *Excelsior Hotel Ernst* erworben hat. Eine kleine Besetzung am Herd und viele Gäste – das kann allerdings zu dem führen, was man als Koch wahlweise liebt oder hasst: zu enormem Druck, zu Stress und einfach einem Haufen Arbeit. Doch wer diesen Beruf mit ganzem Herzen und Willen ausübt, der kommt mit solchen Verhältnissen zurecht und braucht letztlich auch die Anspannung, um Spitzenleistungen abzurufen.

Trotz aller Anstrengungen bleibt zwischen Mittagessen und nachmittäglichem Kaffee-Kuchen-Angebot, zwischen À-la-carte-Geschäft und den Gesellschaften, die am riesigen Holztisch im Nachbarraum tafeln, noch ein wenig Zeit, die fürs eigene Schlagzeug genutzt wird – oder für die kochtechnische Fortbildung. „Ich habe mich auch schon mit der Molekularküche beschäftigt", erzählt Henning Buchmann und serviert mit einem Augenzwinkern einen nach neuesten Methoden und Trends zubereiteten Schinkenschaum als Beilage. Doch Hauptsache

ist dann doch die Suche nach den besten Produkten, die Niederrhein und Münsterland zu bieten haben. „Ich bekomme erstklassigen Ziegenkäse aus Lembeck", sagt Buchmann, „die Petersilienwurzeln oder die Erdbeeren stammen von Nachbarn, und meine Eltern besorgen mir die Kartoffeln." Gar nicht zu reden vom Schinken der Schweinerasse Bunte Bentheimer, der aus der Dingdener Heide stammt und mit jedem italienischen Parmaschinken mithalten kann. „Wir haben auch schon Marienthaler Milchzicklein verarbeitet", schwärmt der Chef, „und die Pasta machen wir hier ebenfalls selbst." Nur der Kuchen, der an warmen Nachmittagen in großen Mengen verzehrt wird, stammt von einer Spezialistin aus dem Dämmerwald, die nur frische, hochwertige Zutaten nutzt und sich an der Saison orientiert. „Sie setzt ihre Fähigkeiten als erfolgreiche Unternehmerin mit großem Erfolg um", sagt Henning Buchmann. Netzwerke gehören eben auch zum Konzept einer frischen, jungen und ideenreichen Küche, wie sie im *Carpe Diem* verwirklicht wird.

GEEISTE TOMATENSUPPE
mit gebranntem Lembecker Ziegenkäseschaum

Zutaten für 4 Personen

Tomatensuppe

500 g Kirschtomaten
500 g Ochsenherztomaten
1000 g Strauchtomaten
Meersalz
Gelatine
Essig

Ziegenkäseschaum

250 g Ziegenfrischkäse
(vom Hof Sondermann in Lembeck)
125 g Sauerrahm oder Crème fraîche
125 ml Sahne
20 ml Olivenöl
1 Sahnebereiter mit 1 Kapsel
brauner Zucker
Bunsenbrenner

Zubereitung

Für die Tomatensuppe die Tomaten klein schneiden und entweder in den Entsafter oder in den Küchenmixer geben. Beim Mixen in der Küchenmaschine darauf achten, nicht zu lange zu mixen. Den gemixten Tomatensaft durch ein feines Sieb passieren, so dass auch etwas Breiiges von der Tomate mit durchkommt. Mit Meersalz und bei Bedarf mit etwas Rotweinessig oder dunklem Balsamico abschmecken. Falls die Suppe zu dünn ist, mit etwas Gelatine binden (auf ca. 250 Milliliter Saft 1 Blatt Gelatine). Nun die Suppe kühl stellen.

Für den Ziegenkäseschaum Frischkäse, Sauerrahm, etwas Salz und Olivenöl im Mixer zu einer glatten Masse mixen, dann die Sahne unterrühren und durch ein feines Sieb passieren. Die Masse in einen 500 Milliliter fassenden Sahnebereiter füllen. Die Suppe in gekühlte Gläser geben, bei Bedarf auch etwas Tomatenconcassé oder Basilikumstreifen hinzugeben. Nun vorsichtig den Schaum aus dem Sahnespender auf die Suppe geben und anschließend mit etwas braunem Zucker und einem Bunsenbrenner karamellisieren. Sofort servieren.

Restaurant Carpe Diem • Hamminkeln-Marienthal

KANINCHENRÜCKEN IM KNUSPERBLATT

mit Bioschinken vom Bunten Bentheimer aus der Dingdener Heide an Lavendelpfirsich und Pfifferlingen

Zutaten für 4 Personen

2 Kaninchenrücken mit Nieren
4 Brickteigblätter
4 Basilikumblätter
4 große Scheiben Bentheimer
Schinken vom Hof Rülfing
(ersatzweise auch Parmaschinken)
2 Pfirsiche
60 g Zucker
1 EL Lavendelblüten
300 g Pfifferlinge
Kräuter, Rotwein, Butter
Weißwein
200 ml Pfirsichsaft
Zwiebel, Karotten
Bleichsellerie, Lauch
Salz, Meersalz, Pfeffer
Öl zum Braten

Zubereitung

Die Kaninchenrücken auslösen, Silberhaut entfernen und mit Filets und Nieren kühl stellen. Nun aus den Knochen und Abschnitten eine Sauce herstellen, dazu Knochen klein schneiden, anrösten. Kleingeschnittene Zwiebel, Karotten, Bleichsellerie und Lauch hinzugeben und mit etwas Rotwein ablöschen. Mit Wasser auffüllen und 2 Stunden leicht köcheln lassen. Passieren und nochmals reduzieren, etwas abbinden. (Man kann auch schon ausgelöste Kaninchenrückenfilets kaufen.) Die Pfirsiche kurz blanchieren und enthäuten. Nun vorsichtig halbieren, die Haut und die Steine aufheben. Zucker karamellisieren, mit einem Schuss Weißwein ablöschen, mit dem Pfirsichsaft auffüllen und die Pfirsichhaut und -steine hinzugeben. Das Ganze etwa 20 Minuten auskochen lassen und passieren.

Es sollte so viel Fond ergeben, dass die Pfirsiche damit bedeckt werden können. Den Fond nochmals kurz aufkochen, eventuell noch etwas süßen und die Lavendelblüten hinzugeben. Die Pfirsichhälften hineingeben, einmal kurz aufwallen lassen und beiseite stellen. Die Brickteigblätter auslegen, im unteren Drittel den Schinken darauf legen, so dass er später den Kaninchenrücken umschließt. Auf den Schinken ein Basilikumblatt, das Filet und die halbierten Nierchen und zum Schluss den Rücken legen. Die Ränder des Teiges befeuchten und den Rücken mit etwas Druck zusammenrollen. Am Ende die Seiten einschlagen und zurollen. Wenn der Teig nicht klebt, noch etwas befeuchten. Die Rollen sofort nach Fertigstellung bei mittlerer Hitze in Öl rundherum goldbraun braten und dabei mit der Nahtseite anfangen, häufiger wenden. Nebenbei die Pfifferlinge in einer sehr heißen Pfanne nur mit etwas Öl kurz anbraten, zum Schluss mit etwas Butter, Salz und gehackten Kräutern verfeinern. Den Pfirsich in Spalten legen und im Fond erwärmen. Pfirsich in die Mitte des Tellers geben, Pfifferlinge auf dem Teller verteilen und mit etwas Sauce nappieren. Die Kaninchenrollen auf Küchenkrepp legen, damit das Öl aufgesogen wird, und die Enden gerade abschneiden. Dann die Rolle schräg teilen. Mit etwas Pfeffer und Meersalz würzen und auf den Teller stellen.

Henning Buchmann

Restaurant Carpe Diem • Hamminkeln-Marienthal | 247

Lohheider See, Duisburg-Baerl

Skulptur bei Rees

Physalis aus dem Kräutergarten von Sonneck

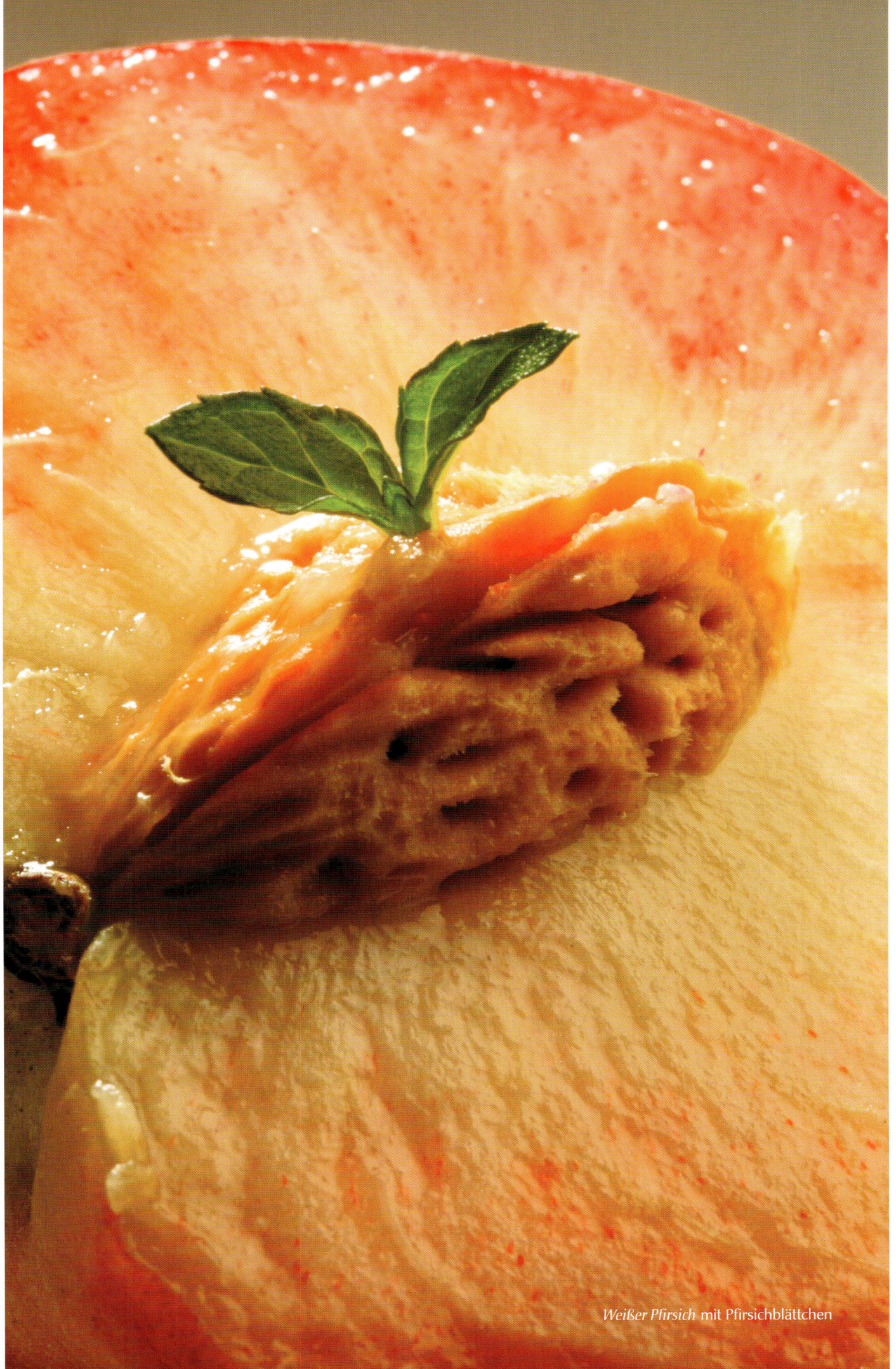

Weißer Pfirsich mit Pfirsichblättchen

253

Ganz schön würzig

Nicht alle Köche am Niederrhein verraten die Rezepte ihrer Kreationen, und auch wir haben es nicht geschafft, den Stars sämtliche Geheimnisse zu entlocken. Immerhin durften wir viele Küchen in Augenschein nehmen und konnten uns vom Produktbewusstsein der Verantwortlichen überzeugen. Die engagierten Küchenchefs – ausschließlich solche werden in diesem Buch porträtiert – haben längst verstanden, dass es nicht ohne erstklassige Zutaten geht. Auch an den Gewürzen darf nicht sparen, wer seine Gäste begeistern will. In den niederrheinischen Spitzenrestaurants sind deshalb Meersalz aus der Bretagne und das rötlich schimmernde

Himalayasalz wie selbstverständlich vertreten, und was die Gewürzmischungen angeht, ist nur das Beste gut genug. Vor allem die Trouvaillen von Ingo Holland, einem erfahrenen Koch, der inzwischen hauptberuflich die Manufaktur *Altes Gewürzamt* im fränkischen Klingenberg führt, haben auch am Niederrhein Kultstatus erlangt; andere Produzenten nahmen sich ein Beispiel. Egal, ob Cajun-Gewürz, Kubebenpfeffer oder Chili-con-carne-Mischung: Hochwertige Gewürze mögen zwar deutlich teurer sein als Billigprodukte, aber sie sind auch intensiver und ergiebiger. „Man braucht weniger von ihnen", sagt einer der besten Küchenchefs vom Niederrhein, „und man schmeckt den Unterschied."

Gewürzadressen

Altes Gewürzamt • Unterlandstraße 50 • 63911 Klingenberg • Tel. 0 93 72 / 9 48 10 90 • www.ingo-holland.de

Spirit of Spice • Drahtzieherweg 3 • 47877 Willich • Tel. 0 21 54 / 88 62 86 • www.spirit-of-spice.de

Bos Food • Grünstraße 24c • 40667 Meerbusch • Tel. 0 21 32 / 13 90 • www.bosfood.de

REZEPTVERZEICHNIS VORSPEISE

Aburi Chutoro vom Saku-Thunfisch mit
Ziegenkäse und marinierten Puy-Linsen   85

Avocado-Mango-Carpaccio mit
Flusskrebsen und Hummer   221

Bärlauchsüppchen mit Jakobsmuschel
und Lachsforellenkaviar   217

Blutwurstknödel auf Ärpel mit Schlaat   177

Bunter Spargelsalat mit Erdbeeren und
Perlhuhnbrust   241

Crème bavaroise von der Rheinischen
Blutwurst mit Scampi und
Karotten-Ingwer-Salat   155

Dreierlei von der Lachsforelle   165

Erdbeercarpaccio mit gebratenem
Ziegenfrischkäse   97

Flusszander und Blutwurst im Duett im
Bierteig auf einem Endivien-Untereinander
und violetter Senfsauce   185

Hummer auf Sesam-Chili-Krokant
mit Melone, Kräutersalat und Currysauce   143

Jakobsmuscheln, gebraten mit Chorizo,
Melone und Brunnenkresse   113

Jakobsmuscheln, gebraten mit
Pfifferlingen und Pfirsich   233

Langostino, gebacken mit rosa Grapefruit,
Himalayasalz und Olivenöl   147

Pan Bagnat von der Sardine
mit eingelegter Paprika   151

Paté vom Kaninchen mit
Pfifferlings-Aprikosen-Salat
und Estragonpesto   34

Pulposandwich mit Safrangemüse   147

Ratatouille auf cremiger Polenta
mit Pfifferlingen   39

Red-King-Wildlachs, hausgeräuchert,
mit Basilikum-Mayonnaise, Vongole,
Flusskrebsen, Kaviar vom weißen Stör,
Tomatengazpacho und Wüstenbrot   53

Riesengarnele im Yaki-Nori-Blatt mit
mariniertem Spargel
und Orangenreduktion   237

Salat von heimischen Wildkräutern mit
Flusskrebsschwänzen, Spargelspitzen in
Orangenvinaigrette und
karamellisiertem Fenchel   181

Samosas mit Boudin noir   63

Schachbrett von Jakobsmuscheln und
Thunfisch an Wasabikaviar und Caponata
von chinesischen Morcheln   55

Spargel in Spinatsoße mit
niederrheinischem Gänseei   98

Spargelnudeln mit Frühlingstrüffeln   174

Steinbuttröllchen, in Waldmeister
gedämpft, mit Kräuterbrioche und
Schalotten-Himbeer-Confit   190

St.-Pierre-Filet
in Olivenaromaten auf
Meeresfrüchte-Cassoulet   24

Tapas marinera à la Château   210

Tatar von der Bachforelle mit
Kräuterrahm und Gurkengelee   131

Thunfischmett an Toastis mit
Koriander-Minz-Pesto und
Limetten-Crème-fraîche   128

Tomatensuppe, geeist, mit gebranntem
Lembecker Ziegenkäseschaum   246

Variation von Vitello Tonnato   218

REZEPTVERZEICHNIS HAUPTSPEISE

Cordon Rouge vom Hirsch   48

Dim Sum im Reismantel   101

Dorade im Pergament-Versteck   136

Forellenfilet, Sonsbecker Art, auf
saurem Rübstielgemüse   214

Hamburger von der Garnele mit fruchtiger
Sauce und hausgemachten Kartoffelchips   52

Heilbutt, weiß, an Kräuter-Spanferkel
mit Pfifferlingen und Lauch-Knödel   86

Himmel un Erd'   117

Himmel und Erde von Loup de Mer
und Jakobsmuscheln   230

Hummer , sanft pochiert, auf
getrüffeltem Risotto und Carpaccio   40

Iberico-Schwein, Filet im Speckmantel,
Zitronen-Kümmelsauce, Bohnenpüree,
Keniabohnen, getrocknete Tomaten,
Gewürzknäckebrot   169

Jumbogarnele mit Spargelravioli   93

Kabeljau in Weißburgunder-Togarashi-Sahne
geschmort, auf Linsendal
mit frittiertem Sommergemüse   182

Kalbsbäckchen, geschmort, mit Spitzkohl
und Stampfkartoffeln   32

Kalbsbraten, getrüffelt, mit zweierlei
Spargel und Kartoffelpüree   114

Kalbsfilet mit sautierten Pfifferlingen
auf Jus de veau lié an frischem St. Huberter
Stangenspargel und Pommes Pont-Neuf   56

Kalbskarree mit rheinischem Stielmus   152
Kaninchenkeule, geschmort, in einer
Barolo-Jus mit Pfifferlingsrisotto und
confierten Cherrystrauchtomaten   186

Kaninchenrücken im Knusperblatt
mit Bioschinken vom Bunten Bentheimer
aus der Dingdener Heide an
Lavendelpfirsich und Pfifferlingen   246

Karree vom iberischen Schwein mit
Wachsbohnen und Thymiankartoffeln   234

Lachs in der Mangokruste   63

Lachsfilet, gedünstet, an schwarzen Nudeln
in weißer Trüffelsauce   205

Lammrücken auf Perlgraupenrisotto   24

Lamm, Trilogie mit Kräuterjus   105

Loup de Mer provençal auf Pestoschaum
mit Oliven-Polenta, Artischocken
und Dicken Bohnen   106

Maishähnchenbrust
im Parmaschinkenmantel mit Riesengarnele,
Avocado und Tomatenrisotto   102

Milchlammkarree mit Pinienkernkruste,
Madeirajus, grünem Spargel
und souffliertem Kartoffelflan   166

Paella mediterran à la Château   210

Pannschlaat mit Holzapfel, Kassler dazu
Schmorzwiebeln und Spanferkelrücken   225

Perlhuhnroulade im geräucherten
Entenbrustmantel mit Bärlauch-Gnocchi,
Pfifferlingen, jungen Gemüsen
und Balsamicosauce   139

Pizza Parma   201

Poulet au citron   135

Ravioli, grün, mit Brennnesseln und
Ricotta gefüllt, dazu gebratene
Gambas und Safransauce   80

Rentierrücken auf Brombeer-Chili-Sauce
mit Selleriepüree   43

REZEPTVERZEICHNIS HAUPTSPEISE

Rinderfilet, Millefeuille und Ofenkartoffeln an sautierten Pfifferlingen und glasierten Frühlingszwiebeln — 126

Rinderfilet vom Black-Angus mit Schalotten-Aceto-Jus und Pommes Maxim — 226

Rinderfilet „Savoy" vom US-Rind — 94

Rinderflanke, gesmokt mit Steinpilzen, dicken Bohnen und Paprikasud — 178

Sauerbraten, Brauhausart, vom Pferd — 44

Sauerbraten, rheinische Art, mit Kartoffelklößen, Spitzkohlköpfchen und Apfelkrönchen — 144

Seeteufelfilet in Serrano auf Ratatouille mit Mojo verde — 213

Seeteufelmedallions in Currybutter — 174

Senfrostbraten, Düsseldorfer Art — 59

Spanferkelrücken im Holunderblütenfond mit Erbsenpüree — 132

Spaghettini Aglio, Olio e Peperoncino mit frischem Basilikumpesto — 202

Thunfisch mit Hagenbroicher Fresserken und Baba Ghanoush — 89

Wildente auf Spitzkohl „untereinander" — 47

Wildlachs mit Stielmus — 32

Wildschafrücken mit Bohnen — 109

Zanderfilet auf der Haut gebraten, Graupenrisotto mit Kräuterpesto und geschmolzenen Tomaten — 27

Zanderfilet mit Kartoffelmousseline und gebratenen Steinpilzen — 242

REZEPTVERZEICHNIS DESSERT

Apfel-Quark-Törtchen	118
Armer Ritter (Armer Lehmann)	60
Biskuit mit Mousse au chocolat	238
Budino di Ricotta mit Kräuter-Zabaione und Dölker Holzäpfeln	90
Dreierlei von der Bitterkuvertüre (Das kleine Schwarze)	36
Erdbeer-Waldmeister-Dessert	170
Erdbeeren auf geeister Ricard-Sahne mit Brombeersorbet und Schokoladen-Wan-Tans	229
Flower Power von Mango und Roquefort	156
Mousse von weißer Schokolade, Quark und Ingwer mit marinierten Beeren	28
Mousse au chocolat, gebacken	206
Panna cotta, Minz- mit Erdbeersalat in Erdbeerpüree	82
Parfait mit Rosenblüten und marinierten Waldbeeren	140
Weißer Pfirsich mit Salbei und Mascarpone	110
Weißes Pfirsich-Eissoufflé auf Campari-Schaum	222
Zitronenthymian-Schokoküchlein mit gratiniertem Safranbaiser und Holunderblüten-Aprikosenkompott	190

Rheinnebenarm bei Kleve

RESTAURANT-VERZEICHNIS VON A-Z

Alte Villa Ling / Restaurant Josefine 88
Thomas Teigelkamp
Hindenburgstraße 34
41749 Viersen-Süchteln
0 21 62 / 9 70 15 0
www.alte-villa-ling.de

Anker – Feine Gastwirtschaft 134
Michael Freynik
Glockhammer 59
41460 Neuss
0 21 31 / 1 51 16 78
www.freynik-anker.de

ART 236
Uwe Lemke
Reeser Landstraße 188
46487 Wesel
02 81 / 9 75 75
www.restaurant-art.de

Bähner's am See 184
Tobias Bähner
Mühlenstraße 21f
47199 Duisburg-Baerl
0 28 41 / 8 72 81
www.baehners-am-see.de

Bistro NT – Hotel Friederichs 172
Theo Friederichs
Neudorfer Straße 33 – 35
47057 Duisburg
02 03 / 3 18 65 50
www.bistro-nt.de

BLUMRATHS Restaurant 232
Thorsten Hauk
Schlossallee 3
46569 Hünxe-Gartrop
0 28 58 / 83 28 90
www.blumraths.de

Brendel 176
Dirk Brendel
Kaiserstraße 81
47229 Duisburg-Friemersheim
0 20 65 / 4 70 16
www.brendel-gastronomie.de

Burgstuben-Residenz 22
Rainer Hensen
Feldstraße 50
52525 Heinsberg-Randerath
0 24 53 / 8 02
www.burgstuben-residenz.de

Carpe Diem 244
Henning Buchmann
Pastor-Winkelmann-Straße 5
46499 Hamminkeln-Marienthal
0 28 56 / 90 17 90
www.carpe-diem-marienthal.de

Château d'Orsay 208
Wolfgang Büttinghaus
Sankt Nikolausstraße 2a
47495 Rheinberg-Orsoy
0 28 44 / 9 92 20
www.chateau-d-orsay.de

Chopelin im Casino 104
Yves Chopelin
Casinogasse 1
47829 Krefeld
0 21 51 / 31 17 89
www.chopelinimcasino.de

Das Dycker Weinhaus 34
Michael Naß
Klosterstraße 1
41363 Jüchen-Damm
0 21 82 / 8 50 50
www.dycker-weinhaus.com

Flachs-Hof 62
Willi Hastenrath
Merreter 10
41179 Mönchengladbach
0 21 61 / 58 49 96
www.flachshof.de

Golden Tulip Cleve, Swan's 216
André Krake
Tichelstraße 11
47533 Kleve
0 28 21 / 7 1 70
www.goldentulipcleve.com

Gut Heyenbaum 112
Thorsten Friedrichs und Thomas Scholz
Zwingenbergstraße 2
47802 Krefeld
0 21 51 / 56 47 66
www.gut-heyenbaum.de

Hackbarth's Restaurant 228
Jörg Hackbarth
Im Lipperfeld 44
46047 Oberhausen
02 08 / 2 21 88
www.hackbarths.de

Haus Bey 92
Frank Veikes
An Haus Bey 16
41334 Nettetal
0 21 53 / 9 10 87 90
www.restaurant-haus-bey.de

Haus Meer 154
Jörg Busch
Moerser Straße 129
40667 Meerbusch
0 21 32 / 7 56 78 88
www.hausmeer.de

Hotel Haus Wilms 26
Peter Regen
Steinkirchener Straße 3
41849 Wassenberg-Effeld
0 24 32 / 30 71
www.haus-wilms.de

Restaurant Herzog von Burgund 130
Erich Tiefenbacher und Andreas Hillejan
Erftstraße 88
41460 Neuss
Telefon 0 21 31 / 2 35 52
www.herzogvonburgund.de

Hotel Hövelmann's 212
Andreas Scholz
Markt 31 — 33
46509 Xanten
0 28 01 / 40 81
www.hotel-hoevelmann.de

Hückels May, Landgasthof 116
Andrej Stepin
Gladbacher Straße 806
47804 Krefeld
0 21 51 / 31 18 64
www.hueckels-may.de

Hummelbachaue 126
Marike Kern
Am Golfplatz 1
41469 Neuss
0 21 37 / 92 78 28
www.hummelbachaue.de

Hummer-Stübchen 142
Peter Nöthel und Peter Liesenfeld
Bonifatiusstraße 35
40547 Düsseldorf-Lörick
02 11 / 59 44 02
www.hummerstuebchen.de

RESTAURANT-VERZEICHNIS VON A-Z

Im Eichwäldchen   168
Manfred Altgaßen
Im Eichwäldchen 15c
47259 Duisburg
02 03 / 78 73 46
www.imeichwaeldchen.de

Inside Restaurant   164
Gregor Schuber
Landfermannstraße 6
47051 Duisburg
02 03 / 71 39 25 00
www.inside-restaurant.de

Kaffeehaus Schmitz   108
Richard Roesch
Martinstraße 169
47805 Krefeld
0 21 51 / 31 18 40
www.kaffeehausschmitz.de

Kaiser Friedrich   54
Marcus Hütz und Uwe Gaul
Hohenzollernstraße 15
41061 Mönchengladbach
0 21 61 / 4 66 55 11
www.kfh-mg.de

Kaiserhof   84
Tim Patrick Lellau
Unterbruch 6
47877 Willich-Schiefbahn
0 21 54 / 8 71 65
www.kaiserhof.org

Kallfelz Weingut   68
Albert Kallfelz
Hauptstraße 60 – 62
56856 Zell-Merl
0 65 42 / 9 38 80
www.kallfelz.de

Korff   100
Stefan Schlösser
Kölner Straße 252 – 256
47807 Krefeld
0 21 51 / 65 09 70
www.restaurant-korff.de

Kurlbaum Restaurant   188
Detlev Hufschmidt
Burgstraße 7
47441 Moers
0 28 41 / 2 72 00
www.restaurant-kurlbaum.de

Lehmanns Restaurant   58
Andreas Lehmann
Myllendonker Straße 247
41065 Mönchengladbach
0 21 61 / 66 03 93
www.lehmanns-restaurant.de

Liedberger Landgasthaus   38
Peter Schmitt
Landstraße 19
41352 Korschenbroich
0 21 66 / 8 72 94
www.llgh.de

Lippeschlösschen   240
Ullrich Langhoff
Hindenburgstraße 2
46485 Wesel
02 81 / 44 88
www.lippeschloesschen.de

Op de Poort   204
Michael Klaus Holzum
Vor dem Rheintor 5
46459 Rees
0 28 51 / 74 22
www.opdepoort.de

Palace St. George   46
Wolfgang Eickes
Konrad-Zuse-Ring 10
41179 Mönchengladbach
0 21 61 / 54 98 80
www.palace-st-george.de

Ratskeller, Mülheim   224
Jörg Thon
Löhberg 55
45468 Mülheim an der Ruhr
02 08 / 47 73 06
www.muelheimer-ratskeller.de

Regalido   150
Tobias Hammes
Am Kapellengraben 1
40670 Meerbusch-Strümp
0 21 59 / 81 88 04
www.regalido.de

Rosenmeer   50
Denny Neumann
Schürenweg 45
41063 Mönchengladbach
0 21 61 / 46 24 20
www.rosenmeer.net

Römers Restaurant   80
Hans-Peter Römer
Wiesenstraße 29
41372 Niederkrüchten-Brempt
0 21 63 / 8 04 28
www.roemers-restaurant.de

Sonneck   96
Ernst-Willi Franken
Schlossstraße 61
41334 Nettetal-Hinsbeck
0 21 53 / 41 57
www.restaurantsonneck.de

Spitzweg   138
Marika Weinhold
Glockhammer 43a
41460 Neuss
0 21 31 / 6 63 96 60
www.restaurant-spitzweg.de

Trattoria La Piazza   200
Lorenzo und Giuska Gashi
St.-Klara-Platz 1
47623 Kevelaer
0 28 32 / 38 33
www.trattoria-lapiazza.de

Vennen, Im Alten Brauhaus   42
Birgit Vennen
Am Markt 5
41352 Korschenbroich-Liedberg
0 21 66 / 8 15 18
www.liedberg.de

Victorian   146
Volker Drkosch
Königstraße 3a
40212 Düsseldorf
02 11 / 8 65 50 - 0
www.restaurant-victorian.de

Walkmühlen-Restaurant   220
Manfred Seeberger
Walkmühlenstraße 52
45470 Mülheim an der Ruhr
02 08 / 3 705 21
www.walkmuehlen-restaurant.de

Zollhaus   180
Frank Schwarz Gastro Group
Im Freihafen 2
47119 Duisburg
02 03 / 5 00 69 80
www.zollhaus-duisburg.de

Zur Traube   30
Dieter L. Kaufmann
Bahnstraße 47
41515 Grevenbroich
0 21 81 / 6 87 67
www.zur-traube-grevenbroich.de

Rheinbrücke bei Emmerich